高等学校新工科人才培养“十三五”规划教材

商务网页设计

主　编　卢　奋

副主编　卢金燕　刘　浩　罗　敏

西安电子科技大学出版社

内 容 简 介

本书着重于实践指导，主要内容包括网店网页设计和商务网页设计实践两大部分。

全书包括 5 个项目共 14 个任务。项目 1 主要对商务网页进行概述，任务包括商务网页认知与分析、商务网页基本元素；项目 2 介绍网店网页的设计和应用，任务包括店标和店招设计、商品分类图设计、主图和缩览图设计、详情页设计、促销图设计；项目 3 介绍网店网页综合设计实践，任务是食品类网店网页综合实践案例；项目 4 介绍商务网页实现技术——HTML5+CSS3，任务包括盒子模型、超链接与列表、多媒体、表格与表单、定位与布局；项目 5 介绍商务网页综合实践，任务是 B2C 商务网页实现综合实践案例。每个任务包含若干实践，每个实践都有详细分析和操作过程，便于学习者在实践中逐步掌握商务网页设计和实现技术。

本书适合作为高职高专院校电子商务及相关专业的教材，也可作为电子商务、网店设计、网页设计技术从业人员的参考书。

图书在版编目(CIP)数据

商务网页设计 / 卢奋主编. — 西安：西安电子科技大学出版社, 2019.1

ISBN 978-7-5606-5163-7

Ⅰ. ① 商… Ⅱ. ① 卢… Ⅲ. ① 电子商务—网页制作工具 Ⅳ. ① F713.36 ② TP393.092.2

中国版本图书馆 CIP 数据核字(2018)第 273424 号

策划编辑 李惠萍

责任编辑 陈 杰 李惠萍

出版发行 西安电子科技大学出版社(西安市太白南路 2 号)

电 话 (029)88242885 88201467 邮 编 710071

网 址 www.xduph.com 电子邮箱 xdupfxb001@163.com

经 销 新华书店

印刷单位 陕西天意印务有限责任公司

版 次 2019 年 1 月第 1 版 2019 年 1 月第 1 次印刷

开 本 787 毫米×1092 毫米 1/16 印 张 14.5

字 数 341 千字

印 数 1～3000 册

定 价 35.00 元

ISBN 978-7-5606-5163-7 / F

XDUP 5465001-1

前　言

商务网页设计是电子商务专业的专业基础课程之一。商务交易信息发布在第三方搭建的网店网页上和发布者独立制作的网页上，所以，从事商务网页设计涉及两大核心技能，其一是网店网页的设计，其二是商务网页的实现技术，这是电子商务从业人员必须掌握的基本技能。如今，电子商务网页设计的教材和指导书一般把网店设计和网页制作区分学习，网店设计主要是使用图形图像处理软件设计网店的图片素材，网页制作主要是运用可视化的网页编辑软件制作网页，这些软件功能强大，使用便捷，对非专业人员来说只要会用这些软件就足够了。但对于从事电子商务的专业人员来说，还需要熟练掌握网店网页的设计和商务网页实现技术，才能设计出专业性更强的网页效果。

本书着重于实践指导，主要内容包括网店网页设计和商务网页实现技术的实践应用两大部分。全书包括 5 个项目共 14 个任务，每个任务主要包括如下五个要点：

(1) 任务目标：明确任务学习和实践内容的掌握水平。

(2) 任务分析：明确任务学习的意义和途径。

(3) 知识准备：介绍任务学习的理论基础和知识学习纲要。

(4) 任务实践：设置若干实践案例，每个实践案例包含实践要求和具体操作步骤，并给出了达到实践效果的全部内容。

(5) 技能拓展：设置若干课外实践案例，每个实践案例提出实践要求，由学习者分析操作步骤并实现。

学习本书，要做到明确学习目标和途径，然后在知识准备中透彻理解完成任务涉及的知识点，再通过动手案例实践，跟着步骤进行操作，掌握实践技能，最后通过技能拓展练习，提高自我分析能力，熟练掌握网页设计技能。

本书是作者结合多年的教学经验与行业经验撰写而成的，在编写过程中搜集了大量的资料，参阅了多位专家学者的著作及文献，同时参考了同行的相关教材、网络课程和知识网站，在此对相关作者表示诚挚的感谢！

本书条理清晰，实用性和操作性强，可作为高职高专院校电子商务及相关专业的教材，也可作为电子商务、网店设计、网页设计从业人员的实践参考用书。

由于编者水平有限，电子商务行业发展变化很快，商务网页设计工具和技术又发展非常迅速，书中难免会有一些疏漏与不足之处，敬请广大师生及各位读者给予批评指正，以期不断改进。

编　者

2018 年 8 月

目　录

项目 1　商务网页概述 ……1
任务 1.1　商务网页认知与分析 ……1
1.1.1　任务目标 ……1
1.1.2　任务分析 ……1
1.1.3　知识准备 ……2
1.1.4　任务实践 ……7
实践 1　天猫商城首页分析 ……7
实践 2　天猫网店网页分析 ……10
1.1.5　技能拓展 ……12
任务 1.2　商务网页基本元素 ……13
1.2.1　任务目标 ……13
1.2.2　任务分析 ……13
1.2.3　知识准备 ……13
1.2.4　任务实践 ……18
实践 1　淘宝网店首页的结构和元素分析 ……18
实践 2　淘宝网店详情页的结构和元素分析 ……21
1.2.5　技能拓展 ……22
项目 2　网店网页设计 ……24
任务 2.1　店标和店招设计 ……24
2.1.1　任务目标 ……24
2.1.2　任务分析 ……24
2.1.3　知识准备 ……25
2.1.4　任务实践 ……27
实践 1　静态店标设计 ……27
实践 2　动态店标设计 ……29
实践 3　店招设计 ……31
2.1.5　技能拓展 ……34
任务 2.2　商品分类图设计 ……34
2.2.1　任务目标 ……34
2.2.2　任务分析 ……34
2.2.3　知识准备 ……34
2.2.4　任务实践 ……36

实践 1　商品分类图设计……36
实践 2　分类目录图设计……40
2.2.5　技能拓展……43
任务 2.3　主图和缩览图设计……44
2.3.1　任务目标……44
2.3.2　任务分析……44
2.3.3　知识准备……44
2.3.4　任务实践……46
实践 1　商品主图设计……46
实践 2　商品缩览图设计……51
2.3.5　技能拓展……53
任务 2.4　详情页设计……54
2.4.1　任务目标……54
2.4.2　任务分析……54
2.4.3　知识准备……54
2.4.4　任务实践……56
实践 1　商品详情页设计……56
实践 2　店铺须知设计……59
2.4.5　技能拓展……61
任务 2.5　促销图设计……63
2.5.1　任务目标……63
2.5.2　任务分析……63
2.5.3　知识准备……63
2.5.4　任务实践……65
实践 1　新品促销图设计……65
实践 2　秒杀促销图设计……68
2.5.5　技能拓展……73
项目 3　网店网页设计综合实践……75
任务 3.1　食品类网店网页设计综合实践案例……75
3.1.1　任务目标……75
3.1.2　任务分析……75
3.1.3　知识准备……76
3.1.4　任务实践……77
实践　食品类网店网页设计……77
3.1.5　技能拓展……79

项目 4　商务网页实现技术——HTML5 + CSS3 …… 80
任务 4.1　盒子模型 …… 80
4.1.1　任务目标 …… 80
4.1.2　任务分析 …… 81
4.1.3　知识准备 …… 81
4.1.4　任务实践 …… 93
实践 1　单个水果宝贝展示 …… 93
实践 2　新品推广展示 …… 99
4.1.5　技能拓展 …… 104
任务 4.2　超链接与列表 …… 105
4.2.1　任务目标 …… 105
4.2.2　任务分析 …… 105
4.2.3　知识准备 …… 105
4.2.4　任务实践 …… 109
实践 1　商品分页导航 …… 109
实践 2　商品类目列表 …… 113
实践 3　购物指南列表 …… 118
4.2.5　技能拓展 …… 122
任务 4.3　多媒体 …… 123
4.3.1　任务目标 …… 123
4.3.2　任务分析 …… 124
4.3.3　知识准备 …… 124
4.3.4　任务实践 …… 128
实践 1　促销商品动画展示 …… 128
实践 2　水果实景视频展示 …… 134
4.3.5　技能拓展 …… 137
任务 4.4　表格与表单 …… 139
4.4.1　任务目标 …… 139
4.4.2　任务分析 …… 139
4.4.3　知识准备 …… 139
4.4.4　任务实践 …… 146
实践 1　买卖家评价信用表 …… 146
实践 2　商品发布表单 …… 159
4.4.5　技能拓展 …… 167
任务 4.5　定位与布局 …… 168

4.5.1　任务目标……168
4.5.2　任务分析……168
4.5.3　知识准备……168
4.5.4　任务实践……175
实践 1　多商品陈列展示……175
实践 2　京东首页右侧导航栏……185
4.5.5　技能拓展……192
项目 5　网页实现综合实践……194
任务 5.1　B2C 商务网页实现综合实践案例……194
5.1.1　任务目标……194
5.1.2　任务分析……194
5.1.3　知识准备……195
5.1.4　任务实践……195
实践　B2C 商务网页实现……195
5.1.5　技能拓展……223
参考文献……224

项目 1　商务网页概述

项目导入

商务网站是指一个企业、机构或公司在互联网上建立的站点，其目的是宣传企业、发布产品、促成交易等。商务网站不同于个人站点。个人站点是出于个人的目的而建设的，可能是娱乐方面的，可能是文学方面的，也可能是综合性的，一般没有赢利性质，仅仅是出于设计者的个人爱好去组织内容。当然，现在互联网上早已出现了大批的个人型赢利网站，这些网站远没有企业商务网站那么正规和规范，也没有那么完善的功能。

商务网站的表现形式就是商务网页，商务网页不同于个人网页，商务网页一般格式端庄、内容严谨，突出宣传企业的形象、产品展示以及交易服务信息等。

本项目的主要目的是认识商务网页，并能够分析商务网页组成，从而剖析出商务网页的基本元素。由此，本项目安排了两个任务展开学习。

项目任务

任务 1.1　商务网页认知与分析
任务 1.2　商务网页基本元素

任务 1.1　商务网页认知与分析

1.1.1　任务目标

本任务的学习目标如下：

(1) 认识和了解商务网页；
(2) 了解商务网页和个人网页的区别；
(3) 理解商务网页的目标和任务。

1.1.2　任务分析

在本任务中，首先介绍商务网站和商务网页，让读者初步认识和了解商务网页，了解商务网页与个人网页的区别，在此基础上介绍商务网页的目标和任务。

教学过程中，可安排学生浏览几个商务网站及其商务网页，鼓励学生去探索和发现商务网页的目标与任务。

1.1.3 知识准备

1. 商务网页

商务网页最初是企业在互联网上宣传企业形象和传播资讯的窗口，而今主要是企业与客户进行信息交流的媒介，是电子商务活动实现的载体。任何企业要从事电子商务，首先要建立基于互联网的商务信息载体，而商务网页就是当今最便捷、最流行、最好用的载体。因此，商务网页的设计与实现对企业来说尤为重要。在此，首先从以下五方面认识和了解商务网页。

1) 商务网页的设计目的和客户需要

一般来说，企业建立商务网站的目的是展示企业形象和文化，或者介绍企业产品和服务，或者提供在线交易服务，使其成为体现企业发展战略和开展商务活动的核心途径。可见，企业应该根据自身的商业主体所在的行业特点、客户需求、内部条件和战略选择，首先明确商务网页的设计目的和客户需求，规划出切实可行的设计方案。

商务网页设计者在设计前，首先要根据网络市场状况、客户需求、设计目标、企业自身条件等进行全面分析，建立起以客户为中心的指导思想，在此基础上结合美学观点进行规划和设计。同时，企业在规划初期，还要重点考虑并明确：建设商务网站的目的是什么？如果是提供产品和服务，那么为谁提供？能提供什么样的产品和服务？目标客户的特征和偏好又是什么？产品和服务适用哪些表现方式？等等。明确以上问题后，就可以开始商务网页的设计了。

2) 版式设计和主题设计

商务网页被认为是企业与客户之间沟通的一种视觉语言，而作为一种语言，就要力争达到商务信息来往的目的。因此，商务网页设计要讲究页面在视觉上的排版和布局，也就是版式方面的设计。

从平面设计角度来看，商务网页设计实际上是商务信息在平面设计中的应用之一，由此可认为，商务网页设计过程中应充分地将商务信息和平面表达两者结合起来。实践发现，一个优秀的商务网页设计者应该懂得文字、图像、动画等信息对象在平面上如何定位，如何进行空间的组合，才能使一个网页的全部内容更趋于视觉上的合理性。对于多网页站点，实际上，企业站点就是由多商务网页组成的，它的版式设计还要把网页之间的有机联系反映出来，特别是网页之间的导航链接。为了达到最佳的视觉表现效果，应讲究网页整体的合理性，让客户有一个流畅的视觉体验。一般情况下，商务网页的版式讲究归整、清晰、和谐，比如讲究对称性、主次性等。根据实践结果，常用的版式有封面型、左拐角型、右拐角型、同字型、品字型等，如图 1-1 所示。

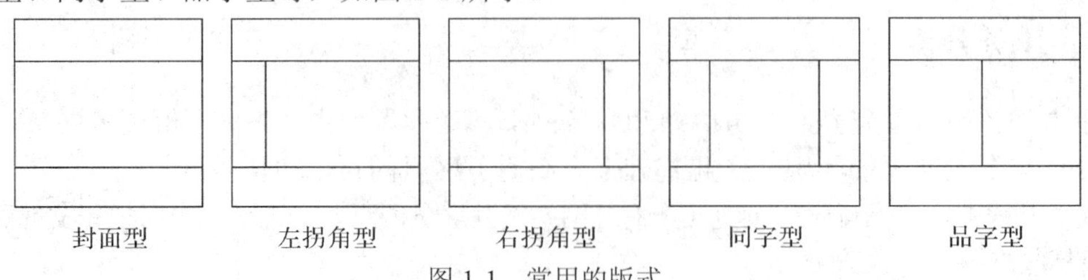

图 1-1 常用的版式

商务网页的主题实际上是商务网站的主题，也就是对商务网站的整体风格和特色作出定位，从而规划整个网站的组织结构，而网站的结构又是通过网页及网页的链接实现的。所以，要给客户一个流畅的视觉体验，除了讲究的版式设计，还要有一个清晰的主题设计。

首先，商务网页应针对服务对象的不同而运用不同的形式。比如，有些页面仅提供简洁的文本信息，有些采用大量的图像组合而成，有些运用多媒体表现手法，提供华丽的图像、闪烁的特效、复杂的动感设置，而有些还提供在线声音和视频片段。其次，要把图像表现手法、有效的信息组织和信息通信方式结合起来，做到主题鲜明，重点突出，浏览快速，以简单明确的语言和有效的画面表现网页的主题。最后，要同时调动一切手段充分表现商务网页(特别是作为商务网站门面的首页)的特点。

3) 色彩的搭配

版式和主题明确了商务网页的内容布局与风格定位，而从视觉角度，还需要色彩的渲染，才能展示出美丽的网页。从美术角度看，色彩是对象表现的要素之一，同样，商务网页也需要色彩来表现。实践表明，商务网页的设计应该结合商务表现、产品和服务特点、视觉传播效果，再根据对比均衡、重点突出、整体和谐的原则，将不同的颜色进行有机组合、协同搭配，构成符合客户美感的网页。

一般来说，商务网页的色彩搭配有以下注意事项。第一，合理应用色彩要考虑色彩对客户心理的影响。根据色彩具有记忆性的特点，一般客户对暖色的记忆性比冷色强，心理影响强，因此常见的商务网页往往采取暖色。第二，要清楚色彩具有联想与象征的特点，比如蓝色象征大海、天空，让人联想到科技、未来，红色象征血、太阳，让人联想到生命、激情。第三，原则上运用色彩的数量没有限制，但不能随意地运用过多颜色，要避免让客户产生无所适从、眼花缭乱的感觉。一般情况下，要根据主题风格的要求明确 2～3 种颜色，包括主色、辅色和点缀色，除此之外，还包括基本色，即黑色、白色及介于黑白间的灰色。企业一般都已经具有自己的企业形象识别系统，设计者根据该系统的色彩运用，结合商务网页的客户群体，选择相应的色彩。比如针对儿童客户群的网页，推荐选择个性鲜明、对比强烈的两种纯色；针对繁忙都市客户群的网页，推荐选择淡雅清爽、过渡柔和的三种颜色。

4) 内容的维护与更新

商务网页的内容需要维护整理和更新，同时还需要及时响应客户的反应。第一，内容的不断更新，能让客户了解企业的运行动态、新品发布、活动等最新消息，能够帮助企业建立良好的形象。第二，及时响应来自商务网页的客户的咨询、建议、帮助、反馈和投诉等，同时收集整理客户的信息，还需要将客户的交互信息分类，比如售前咨询、售中解疑、售后服务、诉求等，然后由客服专员去处理，让客户感受到网上企业和现实企业一样存在，并产生信任感，增强企业的诚信程度。第三，注意对企业内容和客户信息的保密，比如企业即将发布的新品、即将举行的活动、客户的个人信息等。第四，做好日常的网页维护，及时修复可能出现的异常，确保网页全程向用户开放可靠、可信、有效的内容。

5) 商务网页的交互性、易用性和扩展性

商务网页是企业和客户的网上桥梁，需要实现两者之间的交互功能，同时根据客户需求及其需求变化，提供易用和可扩展的功能。

第一，尽可能利用可行的各种技术最大限度地满足客户的交互需求。商务网页交互功能如何达到科学有效并且又要实用，是每一位设计者常常关注和考虑的问题。设计者应该及时关注网络交互的最新技术动向、客户的应用趋势，分析客户对交互功能的新需求，从而设计出满足客户交互要求的功能。比如根据客户对新产品的分享心理，在商务网页上增加了分享功能，又根据客户常用的分享工具是微信，设计者还增加了微信分享功能。

第二，设计者应从客户使用的角度出发，尽可能地设计出方便客户使用的商务网页。比如，根据客户可能遇到的问题设计一些帮助索引，给出新概念、新参数的提示信息，等等，帮助用户方便快捷地使用。

第三，商务网页还需要根据企业的业务变化、客户的需求变化改变设计，为更好地适应需求变化，设计者应充分考虑网页的扩展功能。随着企业竞争越发激烈，企业商务活动的变化是非常快的，同时客户在适应社会变化的过程中也加快了需求的更新速度。与此同时，商务技术层出不穷、更新迅速，因此，商务网页应该立足现在，着眼未来，充分考虑并提供可快速满足新变化的扩展功能，为未来商务网页新功能、新模块、新技术的介入留下接口和空间；否则，商务网页就难以适应现代商务的飞速发展，从而造成资源浪费，在竞争中处于劣势地位。

2. 商务网页与个人网页的区别

根据服务对象和内容的不同，网页可以分为商务网页和个人网页。个人网页是由个人发起和建立，为网络用户提供信息服务的网页。它们都具有网页的功能和特点，设计和制作技术上有很多相同的地方，但由于服务对象和内容的不同，商务网页为实现某些内容用到的技术会更复杂一些，除此之外，还有其他一些方面的区别。

1) 客户群体不同

商务网页有定位明确的客户群体，商务网页的设计和服务都是围绕着客户群体的需求而进行的。比如电子商务食品商城，其客户群体就是提供食品的加工厂、食品经销商等企业，以及来自这些企业的消费者和潜在网络消费者。个人网页因个人兴趣而建立，一般没有定位明确的客户目标，其用户群体也相对非常广泛，每一位对该个人网页感兴趣的网络用户都是其客户群体。甚至可以认为，个人网页的客户群体包括网络上的每一位浏览用户。

2) 建立目的不同

基于什么原因而建立网页，这就是网页建立的目的。商务网页的目的是为企业在网络上开展商务活动而服务，比如商品和服务的展示、交易，此时，在商务网页设计过程中需要考虑各种商务要素，并且以消费者为中心，分析他们的需求和解决他们的问题。个人网页的目的是基于个人兴趣，展示自我并广交朋友同好，具体目的因人而异，相对来说比较宽泛。比如旅途类的个人网页就是为了分享个人旅行的照片和体验心得，获得旅行同行者的认可和相互交流；又如分享个人生活点滴的个人网页，纯粹就是为了追求一种个性化，获得自我认同。

3) 网页内容不同

由于网页服务对象和建立目的不同，商务网页和个人网页在内容上也有很大区别。商务网页的内容主要包括企业介绍、企业资讯、产品服务、购物车、在线客服、招贤纳才、客户帮助等。个人网页的内容范围较为宽泛，由个人根据自己的主观目的而设定，并且随时可以任意加入想要的内容，完全基于个人兴趣而选择，比如美文、图片、音乐、短片等。

4) 安全要求不同

网页的内容中，有些内容仅在指定的使用者范围内传递，这就涉及网页的安全要求。商务网页的安全要求较高，因为其内容不但涉及商务信息的传递，比如仅在企业和客户间传递的文件、客户资料、交易服务信息等，还涉及资金流的传递。此时，商务网页需要一些网页安全技术以满足安全要求，比如身份认证、数据加密等。个人网页的安全要求相对较低，因为其内容是基于个人兴趣的公开信息，个人还希望有更多的网络用户关注和交流，因此一般不太采用相应的安全技术手段，即使有需要，其要求也不必很专业，满足特定信息安全要求即可。

除了以上区别，还有其他诸如网页风格、网页特效、管理费用等方面的区别，在此不作为主要内容详述。总之，认识商务网页和个人网页的区别，能够让设计者在设计商务网页的过程中，正确地在商务专业设计和个性化自由设计之间找到最佳的平衡点。

3. 商务网页设计的任务与实现

从心理角度来看，商务网页设计是一个感性思考与理性分析相结合的复杂过程，商务网页的方向取决于设计的任务，而实现则依赖于商务网页的制作。实践表明，商务网页设计中最重要的东西并非在软件的应用上，而是在于设计者对商务网页设计的理解、设计与制作的水平、自身的美感领悟以及对页面的综合把握方面。商务网页的实现则更多地依赖于软件应用，充分利用商务网页设计技术，创造性地实现设计的效果。

1) 设计的任务

设计的任务是指设计者要表现的主题和要实现的功能。由此我们认为，商务网页设计的任务就是实现设计者在网页上要表现的商务主题和要实现的商务功能。由于网页的商务性质不同，设计的任务一般也不同。根据网页形式划分，可从以下四种形式认识商务网页设计的任务。

第一是形象展示形式的网页，比如大多数的中小型企业和公司的官方网页。这种形式的网页内容较少，需要实现的功能也较为简单，其设计的主要任务是通过图文结合的信息载体重点展示和突出企业的形象，一般对设计者的美工水平要求较高。

第二是资讯传播形式的网页，比如那些新闻类的门户网页。这种形式的网页提供了海量的信息，而且用户访问量庞大，其设计的主要任务是设计中考虑资讯的合理布局、网页的合适分割、网页内容的优化、界面的友好阅读等，一般对网页的结构、信息载体选择、网页优化水平有较高的要求。

第三是商城平台形式的网页，比如那些实现 B2B、B2C、C2C 等电子商务交易的平台网页。这种形式的网页提供了海量的网店和产品信息、消费者信息、交易服务信息等，而且用户访问量和业务操作量非常庞大，其设计的主要任务是为商家和消费者提供便捷、易用、可信、安全的信息内容和全程交易功能，设计中考虑展示信息类网页的合理布局、业务操作类网页的友好流程，一般对网页的结构、业务流程实现、网页细节设计、美工水平有较高的要求。

第四是网上开店形式的网页，比如淘宝网的各种企业和个人开设的店铺网页。这种形式的网页一般由网店所依托的商城平台提供网页的组成、网页的结构和布局、网页的内容组成等功能，并建立一系列的网店网页设计要求和规则，其设计的主要任务是根据网店的规则要求，设计出展示网店形象的图片、商品的图文内容等，一般对网店的结构、网店规则和美工水平有较高的要求。

以上是从不同形式网页的整体来分析商务网页设计的任务，而实际中，还要具体情况具体分析，不同目标和要求的网页还要区别明确任务。不过，最重要的一点是客户群体的需求，可以认为，客户需要解决的问题就是设计的任务。

设计任务明确后，接下来就是如何实现这些设计。

2) 设计的实现

设计的实现一般分为两个阶段。第一阶段是网页的规划和草图绘制，可以在纸上完成，也可以利用图形图像软件或模拟工具完成。第二阶段是网页的制作，这个过程一般在计算机上完成，有些内容也可以在智能手机上完成。这两个阶段不分先后次序，而是相辅相成、螺旋叠加的，目的就是最好地实现设计的最初设想。

第一阶段的网页规划和草图绘制就是设计版面布局。可以将网页看作是传统的报纸杂志，与编辑报纸杂志类似，比如这个位置划分一个板块，里面有文字、图像、特效，因此，设计者要做的工作就是以最合适的方式将文字、图片、特效等排列在网页的合理位置。实际上，我们常常使用计算机设计软件完成网页规划，比如 Adobe 的 Fireworks、Photoshop、Illustrator 和 Flash 等。如何选择软件呢？一般不能简单地说一个软件的好坏，只要是满足设计者的要求，使用起来得心应手，那么就是好用的软件，设计者在了解和运用过这些软件后，选择最适合自己的软件。

第二阶段的网页制作就是利用软件，将设计的蓝图变成网页文件，然后利用浏览器访问网页文件，看到的就是网页的效果了。网页的制作一般是在 Dreamweaver 上完成的。网页设计者除了掌握 Dreamweaver 的使用，还需要了解网页实现背后的代码技术，能够直接利用代码实现网页，这是最佳的实现方式。实践经验告诉我们，尽管规划草图上确定了网页的设计版面，但是还常常在网页制作过程中产生设计灵感，所以，制作中往往还会调整设计的细节。

在网页实现的过程中，可能会用到以下一些策略。

第一是网页风格的运用。网页风格的形成最主要是色彩的表现。颜色的运用实际上并没有统一遵循的法则，不同的设计者会形成各自的法则，这些法则是设计者自我思考和设计经验的综合体现。实践经验表明，一般先确定一种能表现主题的主体色，然后根据设计表现的需要，运用主体颜色的近似色或对比色作为辅助颜色形成网页的配色风格。

第二是版面造型的组合。网页的视觉传达表现了主题，而版面造型就是其中最重要的元素之一。网页上的内容不管是文字还是图形，都可以统一为由点、线、面构成的版面来处理，通常处理的组合手法包括秩序、对称、比例、均衡、间隔、连续、重叠、重复、交叉、节奏、特写、反射等。各种组合手法都各具特色，造型组合中根据实际效果情况选择最适合的手法。通过点、线、面的组合，形成巧妙的版面造型，不但突出网页的重要元素，还突出设计的主题，增强美感，让网页浏览者在感受美的过程中感受企业的形象。

第三是设计原则的遵循。设计总是有原则的，无论采用何种手法实现网页设计，都要遵循五项原则：统一、连贯、分割、对比与和谐。统一是指设计网页的整体性、一致性。也就是说注意设计网页的整体效果，不要将网页的各个组成部分孤立分散，避免网页表现出杂乱无序的效果。连贯是指网页内和网页间的相互关系。也就是说注意网页内容上的内在联系，并与表现形式相互呼应，在网页间注意设计风格的一致性，使用户在视觉和心理上形成连续感，所有网页形成一种融洽的氛围。分割是指将网页版面分成不同视觉的若干模块。也就是说当网页提供的信息量很多时，注意将版面进行有效的分割，使得网页信息更清晰地分类和归纳，使用户更容易分辨和看清楚网页信息。对比是指利用矛盾和冲突的手法，使网页效果更具活力。也就是说利用一些诸如粗与细、主与次、黑与白、深与浅、动与静、虚与实、大与小、直与曲之类的对比手法，更加突出网页的层次感、生命感和灵活感。和谐是指网页整体符合美的法则，浑然一体。也就是说网页的结构形式、视觉效果与用户的视觉感受能够产生共鸣。

第四是网页内容的优化。在网页设计与实现中，网页优化是一个重要的环节。良好的优化效果会加快网页的浏览速度，增强网页的适应性，避免给用户带来不良印象。比如文字的优化，网页中最主要的构成元素是文字，通常将网页字体指定为宋体，大小指定为 12 像素，颜色根据背景色而定，如果是白色背景，一般使用黑色文字，这样用户不易产生视觉疲劳，可以较长时间地浏览网页。又比如图片的优化，图片是网页中的重要元素，图片的优化可以在保证浏览质量的前提下最大限度降低容量值，这样可以提高网页的下载速度。比如利用图形图像处理软件将图片切成小块，分别进行优化输出，输出的格式可以选择 jpg、gif 或 png。如何选择还需要看具体情况，并根据这些格式的特点来决定，一般我们把有颜色变化较为复杂的小块优化为 jpg 或 png 格式，而把那种只有单纯色块的小块优化为 gif 格式。除了文字和图片优化，还有诸如颜色优化、链接优化、布局优化、特效优化等。

1.1.4　任务实践

实践 1　天猫商城首页分析

本实践以天猫商城首页为例，通过首页分析来认识和理解综合类的商务网页，该首页如图 1-2 所示。打开浏览器，输入网址 https://www.tmall.com 可查看天猫首页的全部效果。

图 1-2　天猫商城首页

设计的目标与任务如下：

天猫商城提出了这样的目标："我们希望天猫成为您在网购世界中的第五大道或者香榭丽舍大道，能够成为中国乃至世界 B2C 的新地标。"由此可见，天猫的所有网页设计目标就是为客户提供快捷、通畅、便利的网购环境，让天猫成为消费者获取国内外商品的理想之地。

为了实现这个目标，商务网页设计的任务也就有了方向。对于天猫首页，通过设计清晰立体的版式、主次分明的色彩、丰富多样的商品内容，并且在运营过程中，不断改进和优化这些设计内容，从而不断地向目标靠近。

具体分析步骤如下：

(1) 商务网页主题分析。

商城类网页是商务网页的最典型类型。天猫商城是这样定位自己的："天猫是什么？猫是性感而有品位的，天猫网购，代表的就是时尚、性感、潮流和品质；猫天生挑剔，挑剔品质，挑剔品牌，挑剔环境，这恰好符合天猫网购要全力打造的品质之城的定义。"可见，天猫商城网页要给浏览者带来一种品质之城的体验和感受，达成天猫网购的定位。

品质成为天猫商城网页设计的主题，具体来说就是要设计出体现时尚、性感、潮流、质感的网页，营造一种品牌、品位、品质的网购环境，让网购者在欣赏、享受、品味的氛围下达成交易。围绕着该主题，天猫商城网页在版式、色彩、内容、结构等方面进行了精心规划和设计，每一个要素和细节都体现着品质的主题。

(2) 商务网页版式分析。

商务网页版式上往往首先划分为三部分，分别是页头、页主体、页底。页头和页底的内容基本固定，版式一般简单呈现，而体现差异的版式主要是页主体部分。

天猫首页的第一屏，页头占用了三分之一的高度，自上而下呈现核心商务内容，也是客户识别和获取商务信息的核心入口。其中，页头的五分之三高度呈现天猫标识，让客户快速识别网站品牌。第一屏余下的三分之二的高度属于页主体部分，采用了封面型的版式，自前而后分两层呈现了商品分类和活动品牌。其中，商品分类由于内容多，又采用了显隐型的版式，通过客户鼠标移动呈现更多内容；而活动品牌也由于品牌多，采用了幻灯型的版式，通过时间跳跃和客户鼠标移动轮流呈现。值得提出的是，也有人把商品分类和活动品牌作为页头部分，是页头的横幅广告位，紧跟在横幅下方的就是页主体，这种版式分析也是合理的。

首页的第二屏也是页主体部分，一般将页主体部分根据呈现内容自上而下划分为各个区域，也称之为模块。由此可分析，第二屏中，自上而下划分为两个模块，上模块采取两列的版式，其中左列窄、右列宽，下模块采取三列的版式，其中左列窄、中列和右列等宽。

首页的第三屏中，自上而下划分为两个模块，上模块采取封面型的版式，下模块用于展示天猫超市子站，内容多，高度上以整屏篇幅展示，采取两列的版式，其中左列窄、右列宽，右列根据内容呈现又划分为多个子模块，主要用于展示天猫超市的推广商品。

以此类推分析，下一屏是"天猫国际"子站，再下拉各屏依次是"美丽人生"、"潮电酷玩"、"居家生活"、"打造爱巢"、"户外出行"五个专题以及"猜你喜欢"个性化模块。

首页的最后一屏是页底部分，和页头类似，主要呈现商务网站的识别信息和获取一般性信息的补充入口。页底采用封面型的版式，自上而下划分三个模块，分别是品质承诺、客户指南、常用链接和版权信息。

一般来说，商务网站各个网页的页头和页底是相同的或者基本类似的，主要是页主体根据内容划分模块，采取不同的版式，形成不同的网页。

综上分析，天猫商城通过清晰、立体的版式呈现内容，营造用户网购的清晰环境，体现其专业和品质。

(3) 商务网页色彩分析。

商务网站往往首先设计出企业的VI系统(视觉形象识别系统)，其中规定了网站标识的色彩选择，这种色彩就是商务网页的主色，然后根据主题需要和色彩搭配原则选择商务网页的辅色和点缀色。由此，主色、辅色和点缀色就构成了商务网页的色彩体系，在表象上给客户营造和谐的网购视觉环境。

天猫标识的颜色是红色，这种红色不是色系中的标准红色，暂且称之为天猫红，所以，天猫首页的主色就是天猫红。根据各个模块的内容和商品特点，辅色选择了天猫超市的草绿色和天猫国际的蓝紫色。点缀色同样选择了天猫红。除此之外，商务网页根据颜色搭配都会选择黑色、不同浓度的灰色和白色，这些颜色是商务网页的基本色。

天猫首页通过以上的色彩搭配，让版式更易于识别，也营造了和谐的网购环境，还衬托了丰富的商品展示，增强了客户的购买欲，促进了客户交易。

(4) 商务网页内容分析。

商务网站呈现的内容都是围绕着商品交易功能展开的，因此，商务网页上呈现的内容就是商品，以及协助商品交易的其他内容。然后会根据商品信息的呈现方式，选择最佳的信息载体形式，如文本、交互域、图标、图片、动画、音频、视频等。商务网页在内容的呈现形式上，主要以文本、交互域、图标和图片为主，再利用网页技术设计一些呈现特效，如鼠标行为特效、自动轮换显示特效等。通过以上内容形式，使商品呈现不再单调，而是美轮美奂的商品观赏效果，在欣赏中愉快地网购。

对于天猫首页的内容，可以按照版式排列次序进行分析。

页头的最上边模块，采用了文本和图标形式，主要是客户交易的一些功能入口链接。页头自上而下的中间模块，天猫标识采用图片形式，客户常用的搜索商品功能采用了交互域。页头自上而下的下边模块，内容是天猫商城的商品分类、子站、专题等方面的导航入口，采用了文本、图片和图标的形式。

页主体的第一个模块是横幅，是主体商品促销区域，分前后两部分立体呈现内容。前边是商品的一级分类，采用图标和文本形式，还通过鼠标行为特效展示了商品的二级分类。后边是横幅促销广告，采用大图片大屏呈现，并通过图片轮换特效显示多商品促销图，显得更加动感和质感。

页主体的第二个模块是商品广告促销，左边采用小图形式，右边采用大图形式。

页主体的第三个模块是品牌活动促销，采用文本显示品牌活动名称，然后采用大图解释品牌活动亮点，再采用小图展示各种参与活动的品牌。

页主体的第四个模块是天猫超市模块，采用图片显示模块标题，再采用文本显示模块内容的分类，采用商品图片和商品文本展示推广商品信息，并加以轮换显示特效和鼠标行为特效，使得客户和商品的互动更加和谐。

页主体的后面模块的内容呈现方式与天猫超市模块的方式基本一致，主要采用商品图片和商品文本方式展示，在此不再一一详述。

页底采用了图片和文本展示品质承诺、客户指南、常用链接和版权信息这些内容。

下拉滚动条的过程中，我们还发现网页最左边和最右边两个固定内容，这是方便客户时刻获取商品模块位置和协助交易功能的快捷链接，采用文本和图标形式，再加以鼠标行为固定特效，给客户提供快捷方便的网购体验。

综上所分析，商务网页的内容以商品为核心展示，在合适的位置展示辅助商品交易的内容和方便客户网购的链接，从而营造一种品牌、品位、品质的网购环境，让网购者在欣赏、享受、品味的氛围下达成交易。

实践 2　天猫网店网页分析

本实践以天猫商城中的华为官方网店首页为例，通过网店页面分析来认识和理解网店类的商务网页，该网店如图 1-3 所示。打开浏览器，输入华为天猫店网址 https://huaweistore.tmall.com，可查看华为官方网店页面全部效果。

图 1-3　天猫平台上的华为网店首页

网店网页的目标与任务如下：

网店的目标就是在网上商城完成商品交易。因此，网店网页设计目标就是为客户提供网店识别、商品导购、商品详解、服务资讯的网购环境。

为了实现这个目标，网店网页设计的任务也就有了方向。对于华为首页，通过设计华为标识实现网店识别，自上而下采用大屏的版式、风格一致的色彩、丰富多样的商品实现商品导购，点击商品进入网店详情页面，展示商品的全面介绍，实现商品详解和服务资讯的内容。同时，在网店运营过程中，也要不断改进和优化这些设计内容，为客户提供更合理的网购环境。

具体分析步骤如下：

(1) 网店网页主题分析。

网店网页是企业实现网上商务的最典型方式。网店就是要展示商品，在众多竞争网店中，通过网店页面的设计，彰显企业形象，展示符合消费者需求和满足消费者购买欲的商品，以促成交易。

天猫华为官方旗舰店主要是为天猫消费者提供网购手机、平板、笔记本电脑、智能生活用品及配件，其中手机和智能穿戴是核心推广商品。作为提供行业内高品质电子产品的企业，网店的设计要体现品质企业、科技新品的主题形象。由此，华为网店在设计上采用大图、中图大篇幅展示企业的新品，在版式、色彩和内容方面体现行业品牌、品质保证的主题。

(2) 网店网页版式分析。

网店作为商城的一个子站，在版式上要保留商城的元素，一般在页头和页底体现。相对于整个商城网页，网店是作为页主体部分的；而网店对于企业来说，又是一个主体网页，往往需要再划分版式，一般再划分为网店页头、网店页主体和网店页底三部分。为了与商城网页版式区分，对网店的版式划分通常会换新名称来表述。

在华为网店首页的第一屏，自上而下的前面两个模块是天猫商城的页头部分，如图 1-4 所示，内容由天猫商城提供，主要是客户识别商城品牌和获取商务信息的常用入口。

图 1-4　天猫商城的页头

接下来是商城页面的页主体部分，也是网店页面的开始。网店页面自上而下的前两个模块是网店的页头部分，如图 1-5 所示，该部分包含了店招和导航，网店的导航一般是商品的分类链接。

图 1-5　天猫网店的页头

接下来是网店页主体部分。首先是横幅广告模块，也称为 banner，华为网店为了彰显推出新品的品质形象，用了满屏展示，如图 1-6 所示。

图 1-6　天猫网店的 banner 广告

网店页主体的其他模块，都采用了封面型版式，按商品分类自上而下展示华为新品、热品、荐品、活动等。

网店页主体展示商品后，用了简单的“返回顶部”作为网店的页底部分。

在华为网店首页的最后一屏，是天猫商城的页底部分，内容与前一个实践 1 是保持一致的。

综上分析，天猫华为网店通过简单的页头展示标识和商品分类，然后使用大篇幅的封面型版式展示商品，营造用户网购的科技新品、品质保证的体验感受。

(3) 网店网页色彩分析。

华为企业标识的颜色是红色，类似于天猫红，但华为是一家科技企业，所以，华为首页的主色采用了天空蓝，并主要以网页底色出现。根据各个模块的内容和商品特点，辅色选择了蓝紫色及其渐变过渡，而点缀色选择了标识中的红色。大量的商品广告图也选择辅色和白色作为底色，和网店的主色相互衬托。此外，根据颜色搭配选择常用的基本色显示文本和商品底色。

华为网店首页通过以上的色彩搭配，让商品展示更易于识别，营造了强烈的视觉冲击，可增强客户的购买欲，促成客户交易。

(4) 网店网页内容分析。

网店是企业在网上商城中展示商品、服务交易的场所，因此，网店网页的内容核心是商品。对于华为网店首页的内容，可以按照网店版式排列次序进行分析。

网店页头中的店招，采用了图片展示标识，再用商品图展示热推的两款新品。导航则直接采用文本，按商品分类显示内容。

网店页主体的第一个模块是banner，是网店商品促销区域，采用大图片满屏呈现，并通过图片轮换特效显示多款商品促销图，显得大气、动感和质感。

网店页主体的第二个模块是“新品来袭”，采用图片显示模块标题，自上而下分别采用几乎满屏的大图展示两款新品。

网店页主体的第三个模块是活动促销区域，直接采用大图展示领券活动和送礼活动，活动主题引人注目。

网店页主体的第四个模块是“爆款专区”，采用图片显示模块标题，自上而下分别采用几乎满屏的大图和中图展示多款爆品。

网店页主体的第五到第十个模块按照商品分类展示推荐商品，分别是“手机专区”、“平板电脑专区”、“笔记本专区”、“智能穿戴专区”、“智能家庭专区”和“智能配件专区”，都是采用图片显示模块标题，根据展示的商品特点和数量，自上而下分别采用大图和中图展示多款商品。

网店页底部分内容简单、直接，采用了图片显示内容，提供客户浏览商品的返回链接。

综上分析，华为网店首页的内容以商品为核心展示，主要以大图展示热推新品，中图展示其他商品，营造一种商品多样、品质保证、回馈优惠的网购环境，让网购者在欣赏、享受、品味的氛围下达成交易。

1.1.5 技能拓展

(1) 从商务网页的主题、版式、色彩和内容分析京东商城的首页，该网页部分效果如图1-7所示。打开浏览器，输入京东商城网址https://www.jd.com可查看京东商城首页的全部效果。

图1-7 京东商城的首页

(2) 从商务网页的色彩和内容分析一个京东网店的首页，并分析其网店如此设计的目标和任务，该网页效果如图 1-8 所示。打开浏览器，输入网址 https://mall.jd.com/index-1000004259.html，可查看京东网店首页的全部效果。

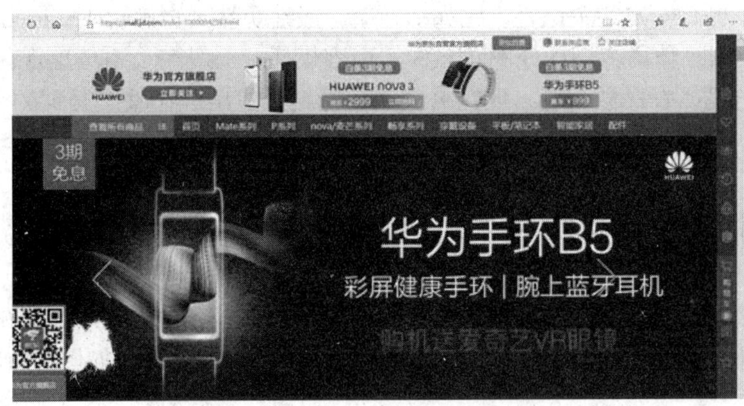

图 1-8　京东平台上的华为网店首页

任务 1.2　商务网页基本元素

1.2.1　任务目标

本任务的学习目标如下：

(1) 了解商务网页的结构组成；

(2) 理解和分析商务网页的基本元素。

1.2.2　任务分析

在本任务中，通过商务网页知识的初步学习后引导读者分析商务网页的结构组成及其基本元素，以及这些元素的特征。

教学过程中，可通过浏览 1～2 个商务网站网页，在此基础上引导学生分析商务网页的基本元素以及特征。

1.2.3　知识准备

1. 商务网页的结构组成

网页结构是指网页内容的布局，正如一本书，它一般由封面、扉页、目录、内容、封底等组成，这些组成部分就形成了一本书的结构。同样，成千上万的网页，尽管它们千差万别，但它们的组成都有一定的规律性，这些规律就是我们认识网页结构的基础。在实践中，分析并创建网页结构，实际就是如何规划和布局网页内容，同时要考虑网页结构如何直接影响客户体验及相关性，以及考虑网页结构如何影响网页在互联网中的推广效果。由此可见，掌握商务网页结构很重要。

综合常见商务网页的组成，从版式角度来看，网页结构一般划分为三部分，分别是页头、页主体和页底。从内容角度来看，网页结构一般由导航、网页标识(一般称为 logo)、内容模块、广告栏、版权栏、功能栏等组成，而导航、内容模块、广告栏还有更详细的不同划分。这两种结构划分也有一定的关联性，比如：导航一般在页头、页底出现；logo 一般在页头出现；内容模块根据具体内容，划分不同名称的内容模块，一般在页主体出现；广告栏一般在页头、页主体出现；版权栏一般出现在页底；功能栏一般出现在整个网页的余白位置。

下面从版式角度，结合内容结构进一步介绍网页结构。

1) **页头**

页头类似于报纸的报头或者电子文档的页眉，它一般是网页的最上边位置出现的那部分内容。

页头往往包括快捷导航、logo、菜单导航和其他一些用于引导用户的功能内容。比如，天猫首页的页头由快捷导航、logo、搜索功能栏、菜单导航组成，如图 1-9 所示。

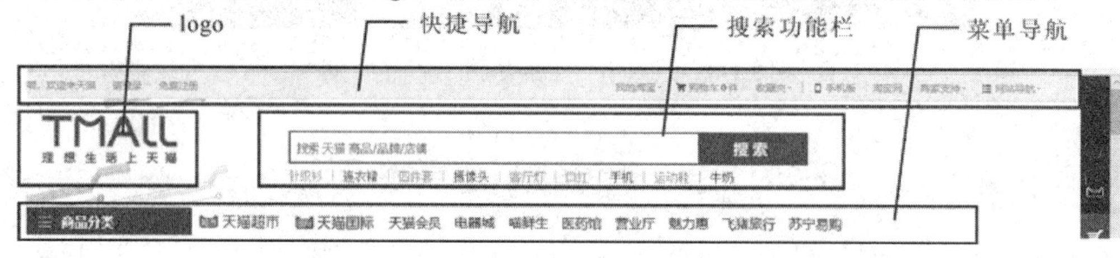

图 1-9　页头结构

2) **页底**

页底类似于报纸的报脚或者电子文档的页脚，它一般是网页的最下边位置出现的那部分内容。

页底往往包括友情链接、服务分类栏、版权信息栏和其他一些用于引导用户的功能内容。比如，天猫首页的页底由服务分类栏、友情链接、版权信息栏、二维码功能栏组成，如图 1-10 所示。

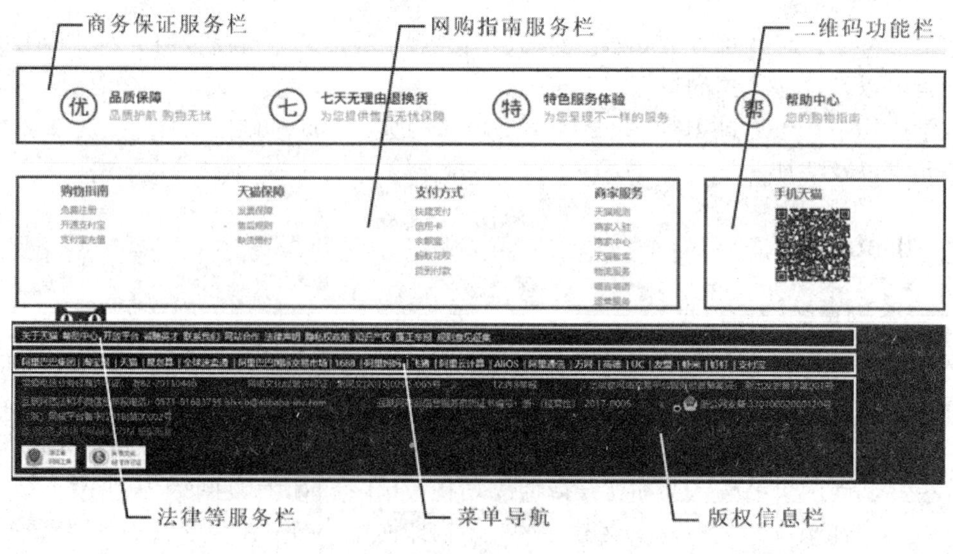

图 1-10　页底结构

3) **页主体**

页主体类似于报纸的文章内容或者电子文档的详细内容，它一般是网页中除了最上边的页头和最下边的页底外夹在中间的那部分内容。

页主体往往包括非常多的内容模块和广告栏。这些模块一般都分为标题和内容，常常以标题作为模块的名称，内容可能是文字列表、图片列表、选项卡列表等等。广告栏根据位置和尺寸不同，又划分为横幅广告(也称为 banner)、通栏广告、模块广告、区域广告等。比如，天猫首页的页主体中，自上而下的第一栏由商品二级分类和 banner 组成，其中商品二级分类是菜单导航的拓展，是叠加在 banner 上的内容，在结构上属于菜单导航，如图 1-11 所示。第二栏由品牌闪购、聚名品、品牌活动、品牌列表四个内容模块组成，如图 1-12 所示。第三栏由通栏广告、潮电酷玩、模块广告组成，其中潮电酷玩分为文字列表和商品列表，如图 1-13 所示。其他分栏用此结构方法进行分析，在此不再详细介绍。

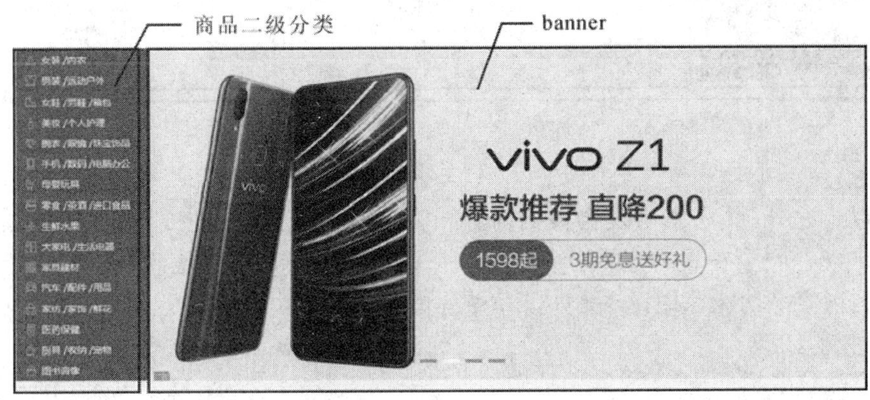

图 1-11　页主体第一栏结构

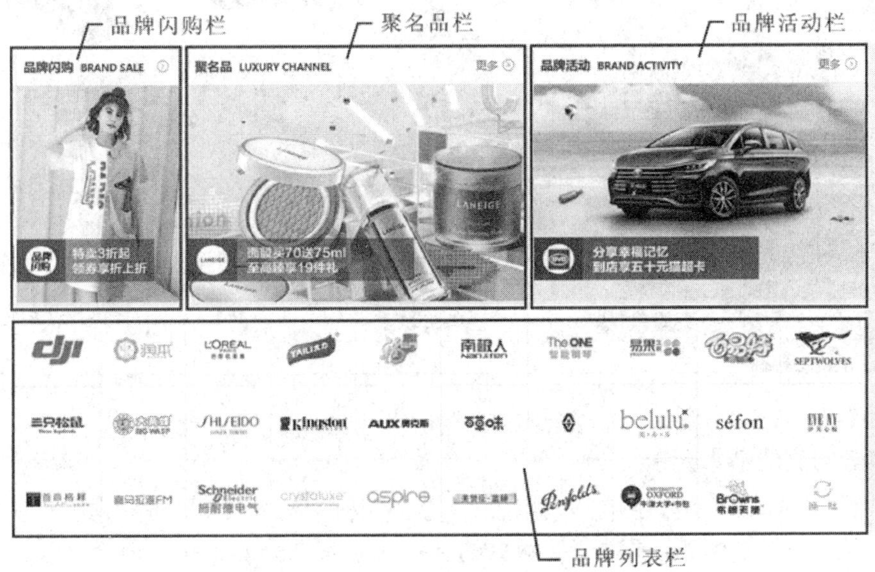

图 1-12　页主体第二栏结构

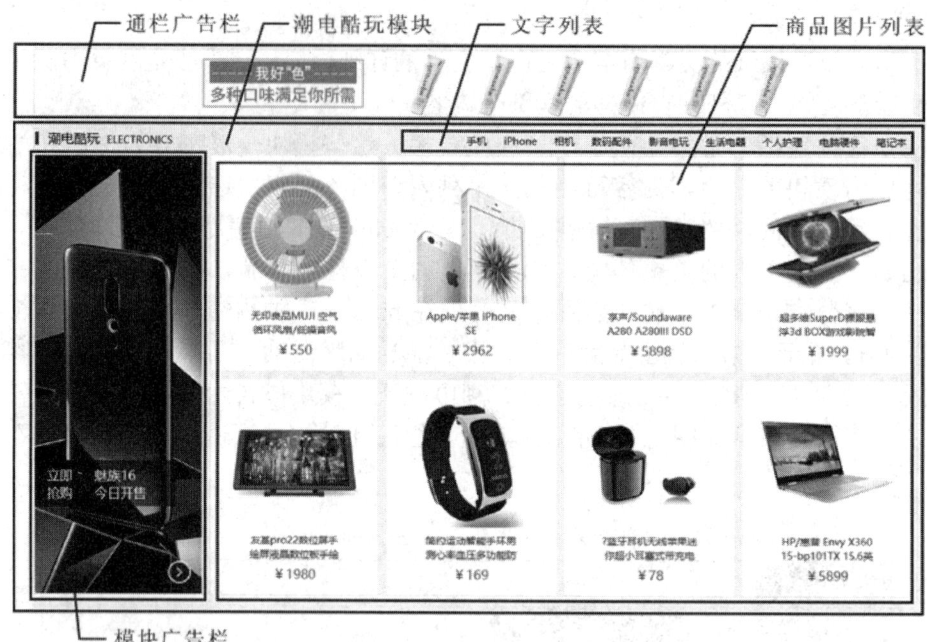

图 1-13　页主体第三栏结构

除了以上之外，商务网页还会根据内容和客户需求，提供一些便捷客户的功能栏内容，它们往往出现在网页左右两边的余白位置。在商务网页中，一般是商品位置功能、商品搜索功能、购物交易功能等栏目。比如，天猫首页的功能栏由商品位置栏、购物交易栏组成，如图 1-14 所示。

图 1-14　页功能栏结构

2. 商务网页的基本元素

商务网页中的内容实际上就是利用各种载体表达的信息，以及利用载体实现信息的交互功能。实现这些内容，需要对商务网页的基本元素有充分的了解。综合来看，商务网页的基本元素有：文本、图像、动画、多媒体、表格、层、表单、超链接、特效等。

1) **文本**

文本是计算机中最重要的信息载体，也是人机交流的最常用的工具。网页的信息表达一般以文本为主，需要说明的是，网页图片中的文本不能认为是网页的文本。在网页制作中，可以根据需要设置文本的字体、字号、颜色以及其他所需要的格式。

2) **图像**

图像也是计算机中很重要的信息载体。随着互联网技术的飞速发展，互联网信息的传播已经进入读图时代，也就是通过图像表达信息和交流的时代。在网页中，图像起到丰富信息、形象商品、美化网页、突出风格、强烈视觉等效果和作用。图像可用于logo、banner、导航、背景、边框、栏目标题、商品、广告、按钮、点缀文本等等。在网页制作中，可以使用多种图像文件格式，其中使用最多的是jpg、png和gif格式。当然，设计者也要注意，网页中的图像不宜太多，图像过多会增加网页文件大小，将影响浏览网页的载入速度。

3) **动画**

动画是网页中动态表达信息的一种载体。为了使网页效果具有动感效果，一般可以在网页中加入各种类型的动画。第一，可以使用脚本动画，即在HTML语言中嵌入Java脚本语言编写的动画，这种动画要求设计者对Java脚本编程十分熟悉。第二，可以使用Flash动画，也就是使用动画制作软件直接制作动画，比如Flash软件，利用它设计出来的动画就是Flash动画，其动画文件后缀为.swf，其特点是体积小、载入速度快，还支持流播放技术。第三，可以使用gif动画，也就是使用图形图像软件制作的图片，然后导出为gif动画格式，其文件后缀为.gif，一般用于小图的动画效果。

4) **多媒体**

为了更真实地展示商品，也为了吸引浏览者，商务网页中还包括声音、视频等多媒体元素。目前，多媒体一般用于商品的声像介绍，可以让客户更直接地了解商品。

5) **表格**

为了使得网页中的文本、图像、动画和多媒体这些元素对象在网页中有序排列，往往使用表格元素进行规范。表格是网页中用途广泛的元素之一，特别是商务网页中在展示商品参数、数据等方面非常通用。表格还是一种用于控制网页布局的有效方法之一，使网页结构更加整齐和清晰。当然，为了达到理想的视觉效果，通常不显示表格的边框，所以，当网页中使用了表格布局时，我们一般不能直接看得出来。

6) **层**

层是一种用于控制网页布局的最流行的有效方法。层是目前网页中最常见的元素，其最重要的作用就是将网页内容划分为一个一个的模块，并且使用非常灵活，可以轻松方便地制作出丰富布局的结构，使网页内容更加清晰，空间布局也非常自由和紧凑。层还可以制作出叠加的效果，使得网页制作更具立体感。结合Java脚本控制层，使得层在网页中还具有位置移动的效果，既丰富了网页，也方便了浏览者。

7) **表单**

表单是一种特殊的网页元素，也是动态网页必须用到的元素，通常用于收集和反馈信息，使浏览者和网页之间实现信息交互效果。表单的主要功能是接收浏览者在网页指定域输入或选择的信息，并将这些信息发送到网页设置的目的网址，然后服务器处理这些提交信息后，提供反馈，比如信息提示、跳转链接到其他网页等。商务网页中就是使用表单完成交易的过程设计。

8) **超链接**

超链接也称为超文本链接，是网页中最有用的元素。超链接的使用，将所有本来相互独立的网页和其他类型文件连接起来，形成当今的互联网。通过超链接，可以在整个互联网世界中自由地定位，畅游任意网站及其网页。网页中的文字、图像、动画、多媒体等都可以设置超链接。超链接可以链接到自己制作的网页和文件，也可以链接到互联网上任意的网页和文件，所以，超链接一般分为两种类型：站内链接和站外链接。当浏览者单击超链接时，其指向的目的网址的内容将显示在浏览者的浏览器中。

9) **特效**

为了美化网页，也为了吸引浏览者，许多网页还可以增加一些特殊效果，比如幻灯播放、移动文本、鼠标悬停、悬停按钮、轮换显示、缩放显示等等。这些特效的实现，需要借助于 Java 控件、ActiveX 控件、各类脚本语言等，需要设计者掌握一些网页编程技术。

除了以上介绍的常见的基本元素，商务网页还包括其他元素，在此不再介绍。

1.2.4　任务实践

实践 1　淘宝网店首页的结构和元素分析

本实践以食品类的淘宝网店为例，通过网店首页分析来认识和理解网店的结构和元素，该网店首页如图 1-15 所示。打开浏览器，输入网址 https://shop140504387.taobao.com 可查网店首页全部效果。

图 1-15　淘宝网店首页

具体分析步骤如下：

(1) 网店首页结构分析。

淘宝网店是基于淘宝网而存在的，其结构是在淘宝网限定的界限内设计的。淘宝网将一个网店的网页划分为首页、列表页、详情页和自定义单页，而不管是哪一种网页，网页首先划分为三部分，分别是页头、页主体和页底，页头和页底是淘宝网指定内容，页主体才是网店的页面。而该页面又根据不同的网店级别提供不同的设计结构，这里分析的是基础版级别的结构。

根据淘宝网对网店结构的设计，结合图 1-15 可以看出，网页页头部分是由淘宝指定结构和内容，如图 1-16 所示。网店设计者只要确定网店店名即可，比如“许三娘”。

图 1-16　淘宝网页页头

接下来是网店的结构。首先淘宝网指定的是店铺招牌，简称店招，如图 1-17 所示。店招的内容是一张图，所以常常说设计店招，就是设计店招的图。

图 1-17　淘宝网店店招

然后是淘宝网指定的网店导航，如图 1-18 所示。导航的内容是商品分类。

图 1-18　淘宝网店导航

网店的店招和导航构成了网店的页头。

接下来是网店的页主体。淘宝网将页主体的所有内容划分为模块，每个模块包含标题和内容，标题可设计隐藏。所有模块按两列排列，左列窄、右列宽，称之为左拐角型。

结合图 1-15 进行分析，网店页主体左列显示两个模块，分别是宝贝分类和宝贝排行榜，如图 1-19 所示。

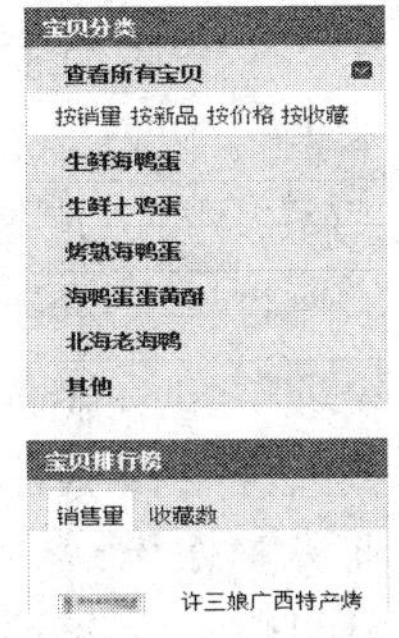

图 1-19　淘宝网店左列模块

网店页主体右列显示两个模块，分别是自定义区和宝贝推荐，如图 1-20 所示。其中，自定义区隐藏了标题，只显示内容，这里是推广商品的图片，也可以称之为网店广告模块。

图 1-20　淘宝网店右列

淘宝网店页底留空，没有内容，这是很多网店的做法。因为客户根据页头和店招识别了店铺，他们主要关注网店中的商品，不再关注网店页底的内容。

最后是淘宝网页的页底，由淘宝网指定结构和内容，如图 1-21 所示。

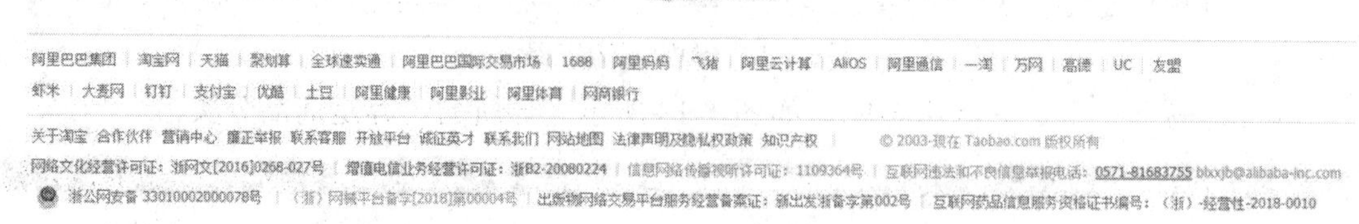

图 1-21　淘宝网页页底

综上结构分析可见，网店设计者关注的网店结构包括店招、导航、模块，其中淘宝网提供了丰富的模块类型，包括宝贝推荐、宝贝排行、默认分类、自定义区、图片轮播、客服中心等。

(2) 网店首页基本元素分析。

网页的基本元素有文本、图像、动画、多媒体、层、表格、表单、超链接、特效等。网店网页的基本元素也如此。一般情况下，网店为了更佳地展示商品，会大量使用设计美观的图像，在部分区域加有特效，文本主要用于商品介绍。

结合图 1-15 进行分析，网店的店招采用图像，图像内设计了店标、热销商品、网店荣誉和联系电话。网店的导航使用文本，内容是商品分类。宝贝分类模块使用文本，内容是商品分类。宝贝排行榜模块使用图像和文本相结合展示商品。广告促销模块使用图像，图像内设计了网店品牌、卖品和卖点。宝贝推荐模块使用图像和文本相结合展示推荐商品，其中这里的图又被称为主图，主图起到导购作用。

综上元素分析可见，网店主要使用图像和文本元素，有时会使用特效。网店设计者在确定网店结构后，主要设计图像，特别是店招图、促销图和主图。而对于层、表格、表单、超链接主要由淘宝网设计，网店设计者不必关注。

实践2 淘宝网店详情页的结构和元素分析

本实践以食品类的淘宝网店详情页为例，通过网店详情页分析来认识和理解网店的结构与元素，该网店详情页如图1-22所示。打开浏览器，输入网址：https://shop140504387.taobao.com可查看网店详情页全部效果，然后点击任何一款产品进入该产品的详情页。

图1-22 淘宝网店详情页

具体分析步骤如下：

(1) 网店详情页结构分析。

网店详情页作为网店的一类页面，其结构和首页既有相同之处也有不同之处，其中相同的是淘宝网页页头、网店页头(包括店招和导航)、网店页底、淘宝网页页底，不同的是网店页主体部分。所以，接下来主要分析网店页主体部分的结构。

结合图1-22进行分析，淘宝网将网店详情页的页主体自上而下划分为两大区域，第一区域的结构由淘宝网指定，如图1-23所示。该区域划分左右两个模块。左边模块内容主要包括商品的主图、缩览图和下单相关信息，其中主图和缩览图由网店设计者选择，下单相关信息结构由淘宝网指定。右边模块是广告位，展示推广商品图。

图1-23 淘宝网店详情页的页主体的第一区域

第二区域的结构也是由淘宝网指定的，如图 1-24 所示。该区域分左右两列，是左拐角型结构。左列显示两个模块，和网店首页页主体的左列相同。右列以选项卡方式包括三个大模块，包括宝贝详情、累计评论和专享服务。其中累计评论和专享服务由淘宝网指定显示，宝贝详情是由网店设计者设计展示商品全部信息的模块，里面的内容是促成客户下单的重要依据，所以，网店详情页的设计，实际就是设计宝贝详情模块的内容。

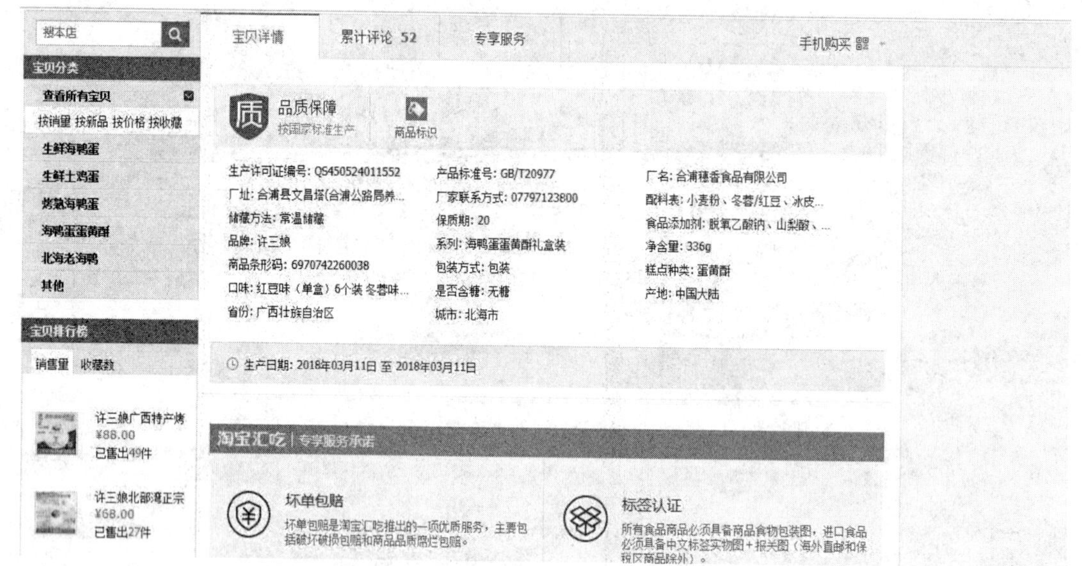

图 1-24　淘宝网店详情页的页主体的第二区域

综上结构分析可见，网店设计者关注的网店详情页结构包括主图、缩览图、宝贝详情，其中宝贝详情根据商品属性划分多个子模块，比如包括商品外观、商品参数、商品细节、生产过程、信誉保证、物流服务、售后服务等模块。

(2) 网店详情页元素分析。

网店详情页和网店首页的元素相同，根据展示内容，详情页主要使用图像全面展示商品，因为文本形式不够引人注目，客户难以真实了解商品。在条件允许的情况下，还会使用视频更真实地展示商品，这是未来趋势。

结合图 1-22、图 1-23 和图 1-24 进行分析，网店详情页的主图和缩览图采用图像和视频，商品下单相关信息使用文本、表单，商品参数使用文本、表格，商品详情使用大量的图像全面展示商品，必要时，使用商品图像和超链接关联到其他商品，从而让客户了解商品及相关商品，促成下单。

综上元素分析可见，网店详情页主要使用图像、文本、短视频元素，有时在宝贝详情中也会使用超链接。网店设计者主要设计图像和短视频，包括主图、缩览图、缩览视频、详情图，其中需要设计很多详情图全面展示商品，以促成客户下单。而对于表格、表单、超链接、层主要由淘宝网设计，网店设计者不必过多关注。

1.2.5　技能拓展

(1) 从商务网页的结构和基本要素分析一个天猫网店的首页，该网页部分效果如图

1-25 所示。打开浏览器，输入网址 https://zte.tmall.com 可查看该网页的全部效果。

图 1-25　天猫平台上的中兴网店首页

(2) 从商务网页的结构和基本要素分析一个天猫网店的详情页，该网页效果如图 1-26 所示。打开浏览器，输入网址 http://zte.tmall.com，选择商品“天机 AXON M”，点击即可查看该详情页的全部效果。

图 1-26　中兴网店的商品详情页

项目2 网店网页设计

项目导入

对于网店商品的表达，图片是最有力的传递信息的工具。一张诱人的主图可以节省一大笔推广费用，这也正是有些店铺在没有做任何付费推广的情况下，依然可以吸引很多流量的主要原因。

本项目的主要目的是学会使用 Photoshop 软件对网店的店标、店招、分类图、主图、详情图、促销图等进行设计制作，使网页显得更生动活泼、更形象，从而给买家留下深刻的印象。由此，本项目安排了五个任务展开学习。

项目任务

任务 2.1 店标和店招设计
任务 2.2 商品分类图设计
任务 2.3 主图和缩览图设计
任务 2.4 详情页设计
任务 2.5 促销图设计

任务 2.1 店标和店招设计

2.1.1 任务目标

本任务的学习目标如下：

(1) 认识和了解店标与店招的区别；
(2) 了解店标与店招的作用；
(3) 掌握店标及店招制作的操作步骤；
(4) 能够为店铺设计一个静态店标和一个动态店标。

2.1.2 任务分析

在本任务中，首先介绍店标和店招的区别，认识和了解店标与店招的作用，在此基础上掌握店标及店招制作的方法。

通过任务实践操作，能够设计出一个静态店标和一个动态店标。

2.1.3　知识准备

1. 店标与店招的区别

在实体店铺里，店标是经过国家商标局注册的，专属于自己的标识，如同产品的商标，冒充店标，就是属于侵权行为。店招，是一个店的招牌，一个商店，可以随意起个名字，到工商局注册就可以了，无需经过商标局的注册。

在网店装修中，很多人将店标设计与店招设计混为一谈，这是错误的。

2. 店标与店招的作用

对于一个网店而言，店标有着相当重要的地位，好的店标能够给顾客留下深刻的印象，更有利于稳定扩展自己的客户群。网店店标还代表着店铺的风格、店主的品位和产品的特性。店标含义有内涵，能体现店铺个性特征、独特品质、以及精神风貌；构图有创意，新颖、富有个性化的店标，还能起到宣传的作用。

网店店招，就是网店招牌。店招是用来展示店铺名称和形象的，可以由文字和图案组成，表现方法千变万化，店招是用户看到店铺的第一印象。

网店店招的表现形式和作用与实体店铺是有一定区别的，实体店铺的店招作用往往体现在招徕顾客上，因为实体店铺的店招是直接面对人群的。而网店店招的作用主要是体现在留客的环节，因为网店的店招并不直接面对人群，只有顾客进入了店铺之后才看得到店招。因此在设计网店的店招时就要更多地从留住用户的角度去考虑。

网店用户很少有直接搜索店铺而从店铺首页进入的，大部分顾客都是直接搜索商品，直接进入商品页面然后再从商品页面进入店铺的其他地方，所以在每个商品页面能出现我们的店招，这是网络零售平台推广意识进步的一大特征，我们就可以从这一点出发来深化店招的内容，让每一位顾客进入店铺后都能由店招得到设计师想传达给他的信息。

店招漂亮的不一定销量好，但是销量好的一定都是店招漂亮的。

3. 设计店标和店招注意事项

1) 店标设计

(1) 网店店标的设计尺寸根据网站效果设置，可以为 200 px × 200 px 等尺寸，根据比例要求进行设计，支持 gif、jpg 和 png 格式。比如淘宝网的设计一般是 80 px × 80 px，大小在 80 K 以内。

(2) 网店店标设计要容易识别，消费者能容易把你和其他网店区别开来。

(3) 网店店标的设计要有意义，一定要针对目标市场人群。

(4) 网店店标设计的颜色搭配，要符合自己的经营项目或宝贝特征。

(5) 网店店标设计要符合法律法规，注重国际化和统一化。

2) 店招设计

(1) 店招一定要凸显品牌的特性，让客户很容易就清楚你是卖什么的，包括风格，品牌文化等。

(2) 视觉重点不宜过多。有 1～2 个就够了，太多了会给店招造成压力。比如要根据店铺现阶段的情况来分析，如果现阶段是做大促，可以着重突出促销信息。

(3) 整体风格要与店内产品统一。

(4) 颜色不要复杂，颜色一定要保持整体上的整洁性。

(5) 如果店招里有季节的要素，需要根据季节及时更换。比如电子产品网店要跟随产品的更新换代及时调整，不要放置淘汰的产品在店招上。

(6) 在店招的制作与使用上，可直接反映网店的经营内容。制作成与经营内容相一致的形象或图形，能增强店招的直接感召力。比如服饰店的经营根据范围不同，可以取不同类型的招牌。女装店可选择时尚感强的店招，且店招的颜色要醒目；男装店多以西服为主，则较正式，店招要适应这种风格，要显得庄重；童装店则要活泼、有趣，能吸引小朋友。

4．店标及店招制作技巧

1) 店标制作技巧

(1) 制作要有领导性。店标设计制作，是网店视觉传达的要素核心，也是网上店铺开展信息传达的主导力量。标志的领导位置是店铺经营理念和经营活动的集中表现。其贯穿了整个店铺的所有相关活动中，不仅具有权威性，还是其他视觉要素构成的核心。因此，设计的前提，就是要有领导性。

(2) 整体构思切合主题。店标主题不仅可以凸显店铺的主营业务，也可以强调店名内涵。标志的形象设计，需要融入该网店的经营理念、文化特色，围绕主题选择素材，经营的内容和特点相统一。只有这样，才能获得社会大众的一致认同。如主题可以通过花、鸟、人物、卡通漫画等来表现。不同的网店，其主题不同，所用的色调也有所不同。

(3) 制作要有造型。网上店标的设计千变万化，琳琅满目，有抽象符号、中外文字组合等等。因此，店标的造型优劣，不仅决定了其传达网上店铺情况的效力，而且还会影响到消费者对商品品质的信心与店铺形象的认同。

2) 店招制作技巧

(1) 相对于图像，文字更具吸引力。与你所认为的相反，在浏览一个网站的时候，能够直接吸引用户目光的并不是图像。大多数通过偶然点击进入你的网站的用户，他们是来寻觅信息的而不是图像。因此，保证你的网站设计凸现出最重要的信息板块，这才是设计的首要原则。

(2) 眼球的第一运动聚焦于网页的左上角。用户浏览网页的这一习惯应该在意料之中，毕竟左上部为主要操作中心这一点为大多数计算机应用程序的设计所采用。在构建网站考虑网站设计时，应该尽量保持这一格式，搭建一个成功的网站，你就必须尊重用户们的习惯。

用户浏览网页时，首先观察网页的左上部和上层部分，之后再往下阅读，浏览右边的内容。用户普遍的浏览方式呈现出“F”的形状。保证网站内容的重要因素集中于这些关键区域，以此确保读者的参与。在此放置头条，副题，热点以及重要文章，这样可以吸引到读者进行阅读。

(3) 浏览者会忽视横幅广告。研究表明，浏览者常忽视大部分的横幅广告；尽管网店以横幅维持生计，但视线往往只停留几分之一秒。

(4) 花哨的字体和格式被忽视。一般花哨的字体和格式通常会被浏览者忽视的，为什么呢？那是因为用户会认为这些是广告，并非他们所需要的信息。事实上，用户很难在充满大量颜色的花哨字体格式里寻找到所需的信息，因为视觉线索告诉他们把这些忽略。保持网站的清爽，不要因为华而不实的表面，把重要的信息忽略了。

2.1.4　任务实践

实践 1　静态店标设计

本实践做出如下效果，通过 Chrome 浏览器或图片浏览工具预览测试，如图 2-1 所示。

图 2-1　静态店标

具体实现步骤如下：

(1) 新建图片文件，像素设置为 300 px × 200 px，保存为“店标.PSD”，如图 2-2 所示。

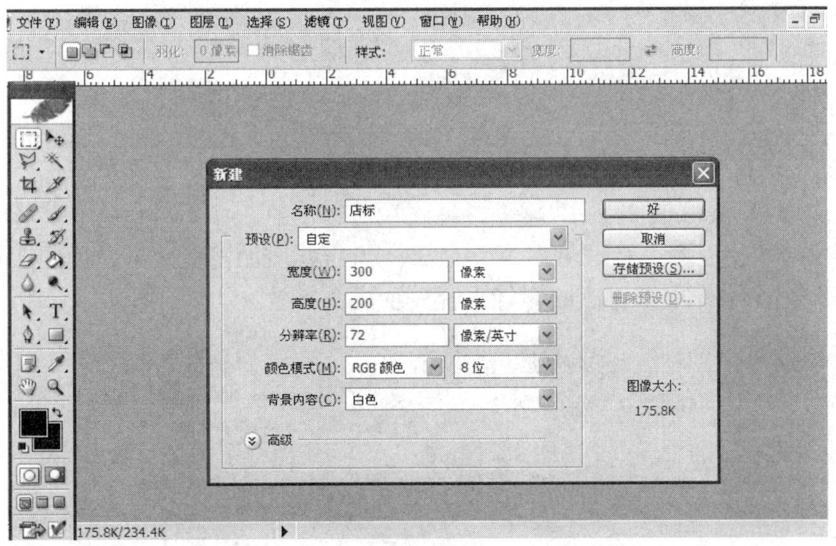

图 2-2　新建文档

(2) 单击菜单栏中的“视图”——“标尺”，打开标尺栏及新建参考线，如图 2-3 所示。

实际上，也可以使用快捷组合键“Ctrl + R”打开标尺栏，将鼠标移动到标尺栏上按住左键不放拖动，拖出参考线进行操作。若不想显示参考线，可直接拖出画布外，或选择菜单“清除参考线”。

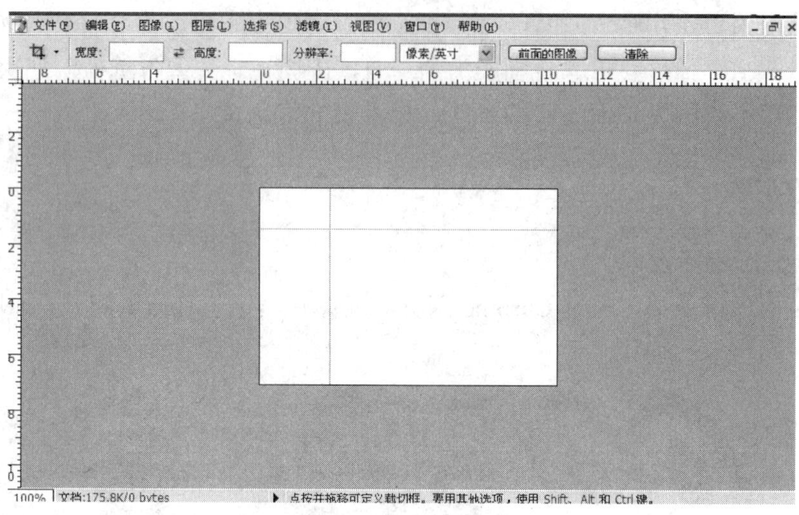

图 2-3 标尺及参考线

(3) 运用“钢笔工具”绘制店标图形，填充颜色，如图 2-4 所示。也可采用“画笔”工具等多种方法进行店标绘制操作。

图 2-4 绘制店标图形

(4) 使用“横排文字工具”，添加店标名称，分别输入中文文字“买卖客”，“企业建站系统”和英文字母“maimaike.net”字样，可以在工具栏中选择“创建文字变形”按钮 ，打开“变形文字”对话框，制作多种文字效果，为店标增加视觉效果，如图 2-5 所示。也可以网络下载艺术字体根据自己的喜好自行设置，文字效果如图 2-6 所示。

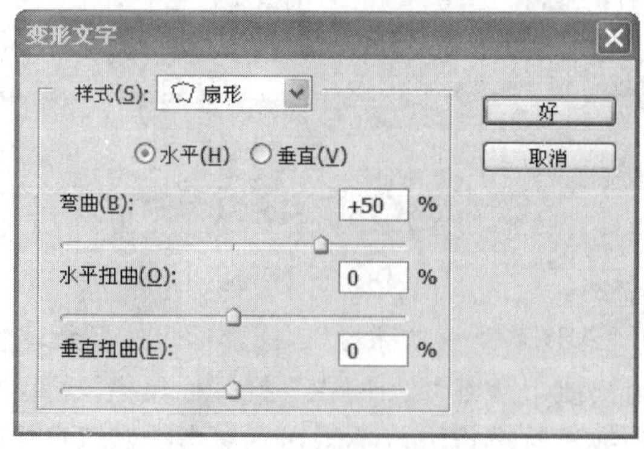

图 2-5 变形文字对话框

图 2-6　店标文字设置效果图

(5) 合并图层，保存图片为 JPG 格式，浏览图片，最终效果如图 2-7 所示。

图 2-7　静态店标最终效果展示

实践 2　动态店标设计

本实践做出如下效果，通过 Chrome 浏览器预览测试，如图 2-8 所示。

图 2-8　动态店标效果图

(1) 新建 Photoshop 文件，设置文件大小为 100 px × 100 px(根据淘宝店标设置大小)，如图 2-9 所示。

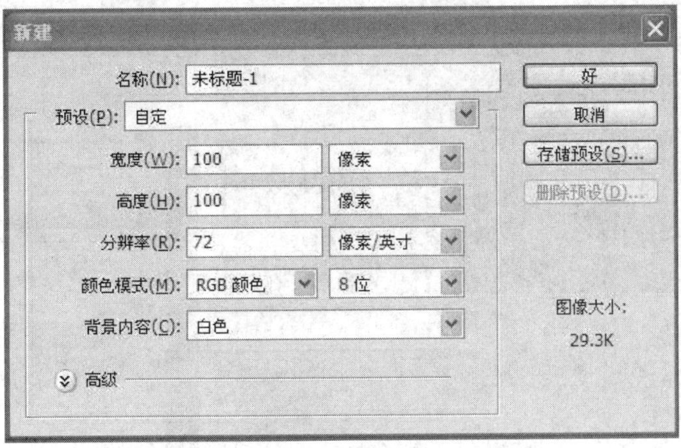

图 2-9　新建文件

(2) 执行“窗口”菜单，单击“动画”命令打开“动画”面板，即可打开帧动画模式面板或时间轴动画模式面板。如果面板为时间轴模式，可单击 按钮切换，如图 2-10、图 2-11 所示。

图 2-10　帧动画模式面板

图 2-11　时间轴动画模式面板

说明一下，帧动画模式面板进行动画创建时，比较直观，对没有太多动画制作经验的人来说，比较容易；时间轴动画模式对熟悉 Flash 动画制作的人来说，较容易上手。

(3) 打开素材图片 1 及 2，分别粘贴到新建的文件中，设置好图片的大小，如图 2-12 所示。

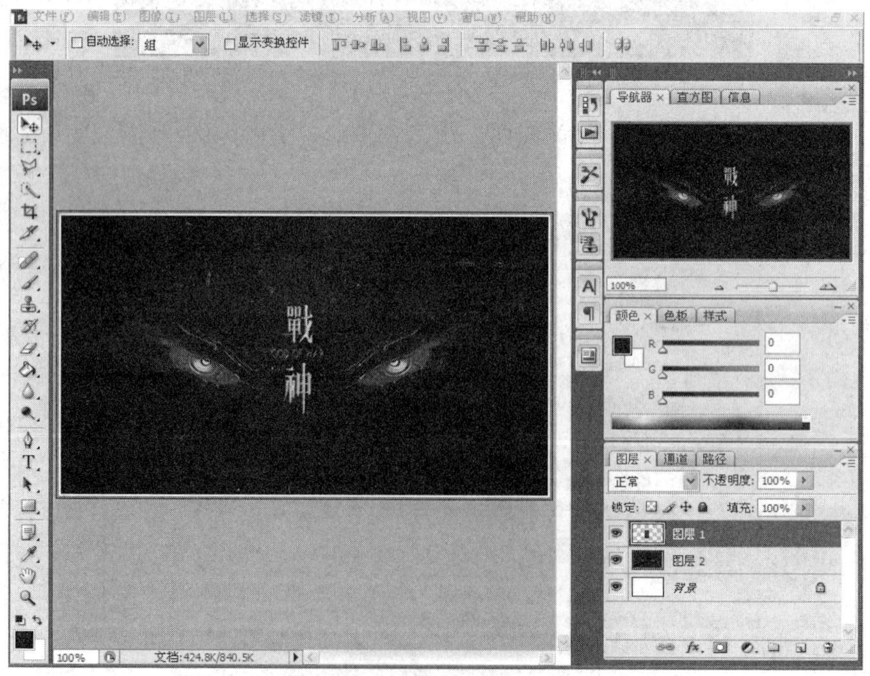

图 2-12　分图层粘贴素材图片

(4) 在打开的动画面板中，切换到帧动画面板，并复制关键帧，如图 2-13 所示。

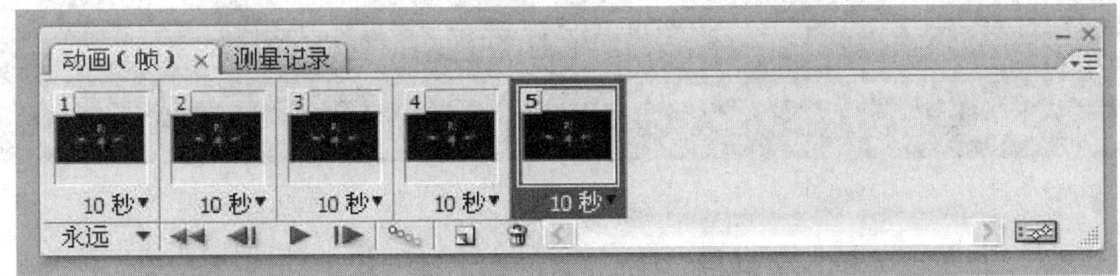

图 2-13　复制关键帧

(5) 在打开的帧动画面板中，设置每一个关键帧的图层，依次显示时间设置和播放次数，如图 2-14 所示。

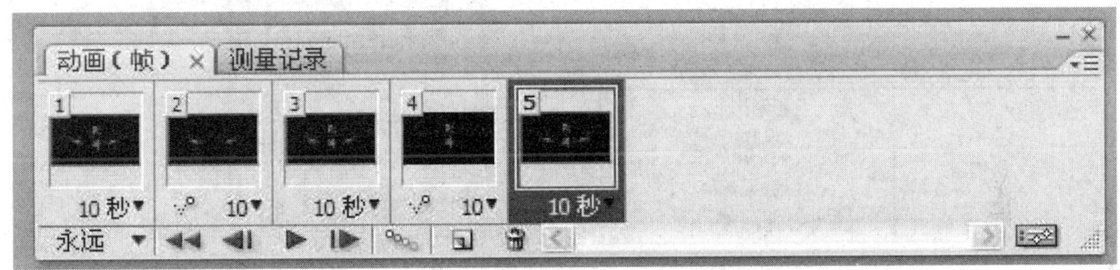

图 2-14　设置关键帧图层

(6) 输出文件，执行“文件”菜单，单击“存储为 Web 和设备所用格式”，如图 2-15 所示。

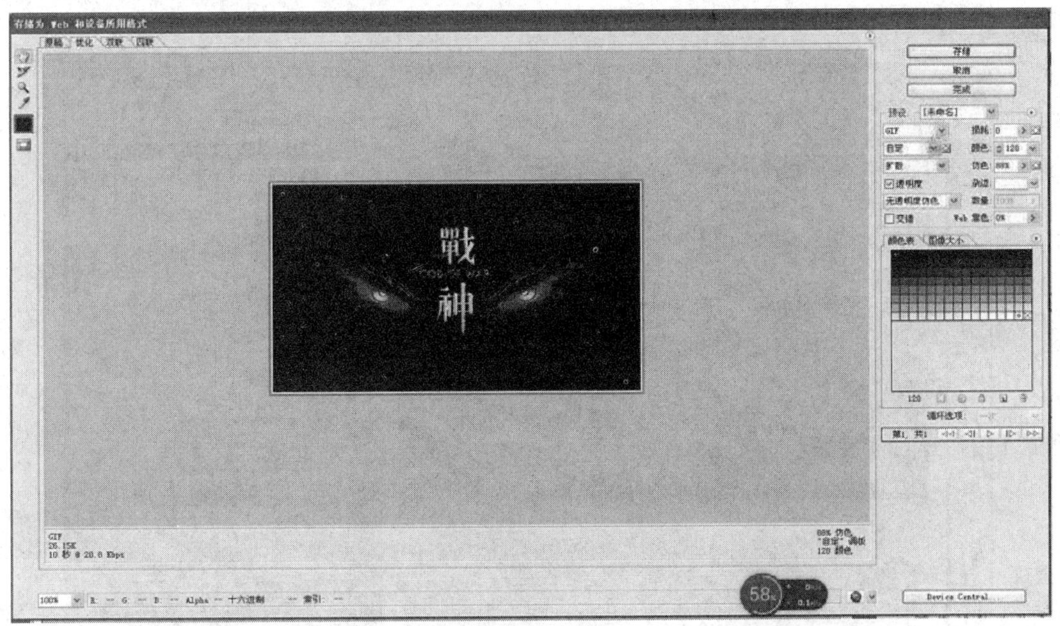

图 2-15　动画图片格式存储

实践 3　店招设计

本实践做出如下效果，通过 Chrome 浏览器预览测试，如图 2-16 所示。

图 2-16 店招效果图

(1) 新建 Photoshop 文件，设置文件大小为 950 px × 120 px(根据所需设置大小)，如图 2-17 所示。

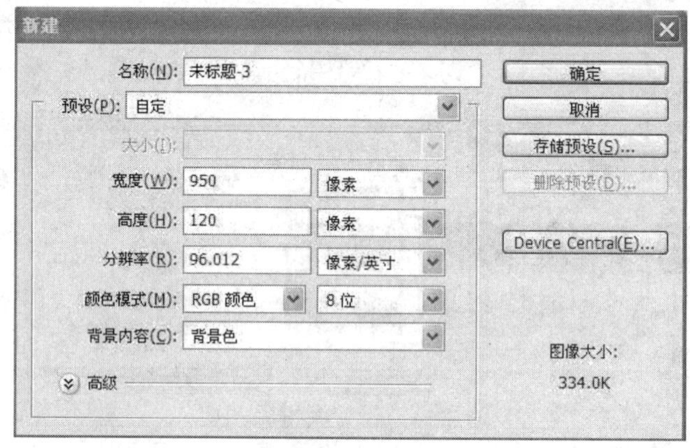

图 2-17 新建文件

(2) 将文档背景颜色设置为黑色，打开素材图片 3-1，粘贴到新建的文档里，如图 2-18 所示。

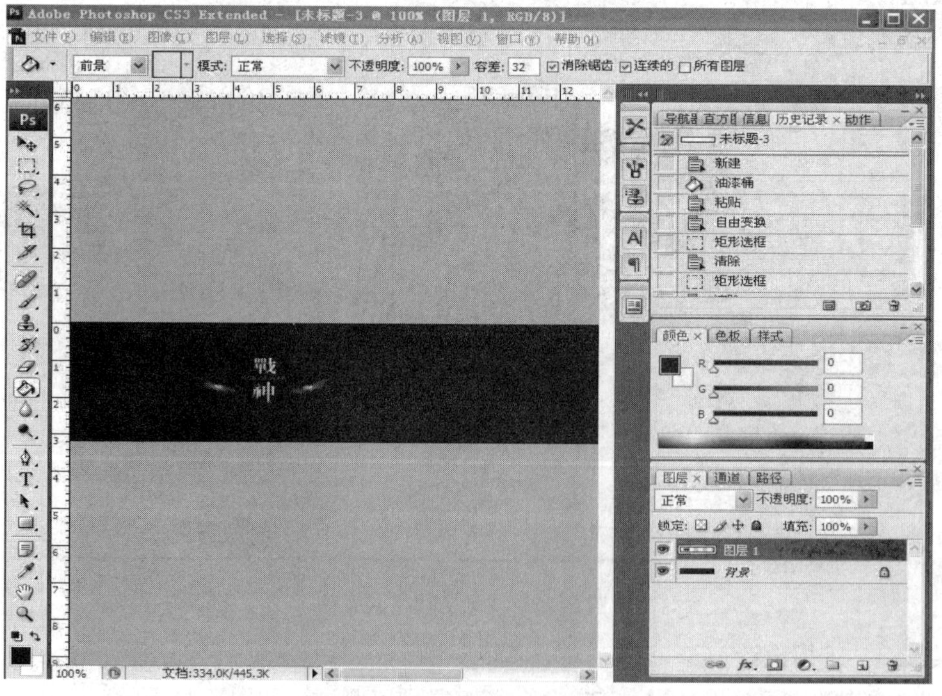

图 2-18 粘贴素材图片

(3) 新建文字图层，运用“横排文字工具”录入文字“陕西神舟电脑战神店”及相关英文字母作装饰，如图 2-19 所示。

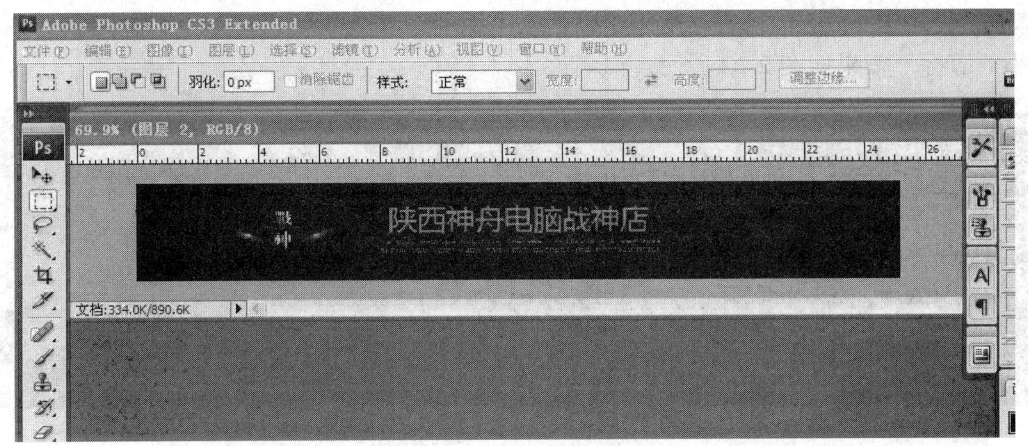

图 2-19　录入店招文字

(4) 新建图层，运用“矩形工具”画出三个矩形，栅格化形状，打开层次样式，设置矩形投影效果，如图 2-20 所示。

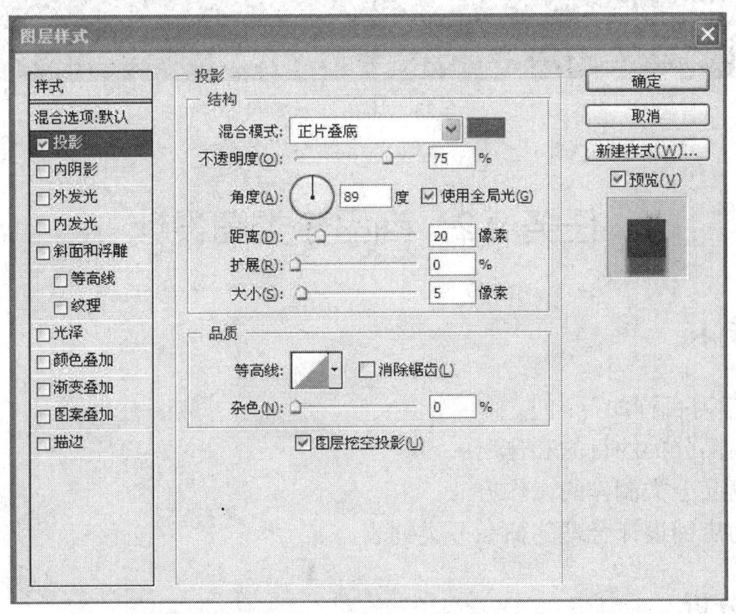

图 2-20　图层样式设置

(5) 最后录入文字，得出整体效果图，保存输出 JPEG 文件，效果如图 2-21 所示。

图 2-21　整体效果图

2.1.5 技能拓展

(1) 使用 Photoshop 软件，运用“画笔”、“钢笔”、“文字”等工具，制作 80 px × 80 px 大小的店标，效果如图 2-22 所示。

图 2-22 店标效果图

(2) 使用 Photoshop 软件，运用“画笔”、“钢笔”、“文字”等工具，制作 950 px × 120 px 大小的店招，效果如图 2-23 所示。

图 2-23 店招展示效果

任务 2.2 商品分类图设计

2.2.1 任务目标

本任务的学习目标如下：

(1) 了解商品分类的目的和作用；

(2) 掌握商品分类制作的操作方法；

(3) 能够为店铺设计合理的商品分类列表。

2.2.2 任务分析

在本任务中，认识和了解商品分类的意义，在此基础上掌握网店商品分类的制作方法。通过任务实践操作，能够为店铺设计合理的商品分类列表。

2.2.3 知识准备

1. 商品分类概述

商品分类是指根据一定的管理目的，为满足商品生产、流通和消费等活动的全部或部分需要，将管理范围内的商品集合总体以一定的商品基本特征作为分类标志，逐次归纳为若干个范围更小、特质更趋一致的子集合体(类目)，例如大类、中类、小类、细类，或者品种、细目等，从而使该范围内所有商品得以区分与体系化的过程。

商品种类繁多，据不完全统计，在市场上流通的商品有 25 万种以上。为了方便消费者购买，也为了有利于商业部门组织商品流通，同时提高企业经营管理水平，须对众多的商品进行科学分类。商品分类是指为了一定目的，选择适当的分类标志，将商品集合总体科学的、系统的逐级划分为门类、大类、中类、小类、品类以及品种、花色、规格的过程。

2. 网店商品分类的作用

(1) 方便买家找到想要的商品。

(2) 让买家一眼看到店铺里的产品系列和分类。

(3) 可以把店铺首页的流量，有效地引导到子页面，提高访问深度。

3. 网店商品分类位置设置

网店商品分类根据需求，及操作地简便性，可以将分类设置在店铺的左侧及底部，以方便买家的操作。

首先是左侧栏分类，如图 2-24 所示。

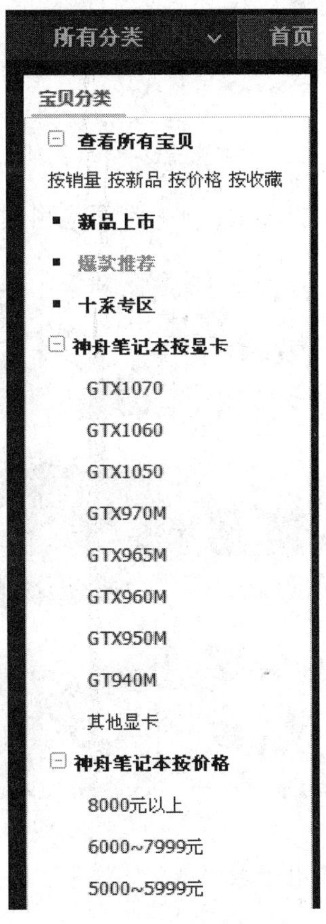

图 2-24　左侧栏分类

其次是网店商品底部列表页分类，如图 2-25 所示。

所有商品>	每周一上新 >	羽绒/棉服>	毛衣/针织衫>	毛呢外套>	连衣裙>	上装>	下装>
按销量	01月29日新品	长款羽绒服	毛衣	中长款毛呢	毛织连衣裙	毛衣/针织	休闲裤
按新品	01月24日新品	短款羽绒服	针织衫	短款毛呢	长袖连衣裙	长袖T恤	牛仔裤
按价格	01月15日新品	中长款羽绒服	针织开衫	双面呢大衣	刺绣连衣裙	卫衣/外套	打底裤
	01月08日新品	棉衣/棉服			印花连衣裙	衬衫	半身裙
						套装	

图 2-25　底部列表页分类

4. 设计分类注意事项

店铺类目是店铺分类的导航，一般在店铺的左侧，用来显示商品的分类。宝贝分类有文字和图片两种链接方式。如果要快速吸引买家的目光，导航颜色和大小都不能改变的文字链接是无法做到的。因此，一般要花时间将每项店铺类目制作成图片，使店铺分类清晰明了，也美观大方。

在类目的设计里，可以先在网上收集素材，搜索的关键字可以是“按钮素材”。其他的任何图片也可以，可以通过改变大小或选取图片一部分来制作。

2.2.4　任务实践

实践 1　商品分类图设计

本实践做出如下效果，通过 Chrome 浏览器预览测试，如图 2-26 所示。

图 2-26　商品分类图设计

具体实现步骤如下：

(1) 新建图片文件，像素设置为 300 px × 168 px，保存为“分类.PSD”，如图 2-27 所示。

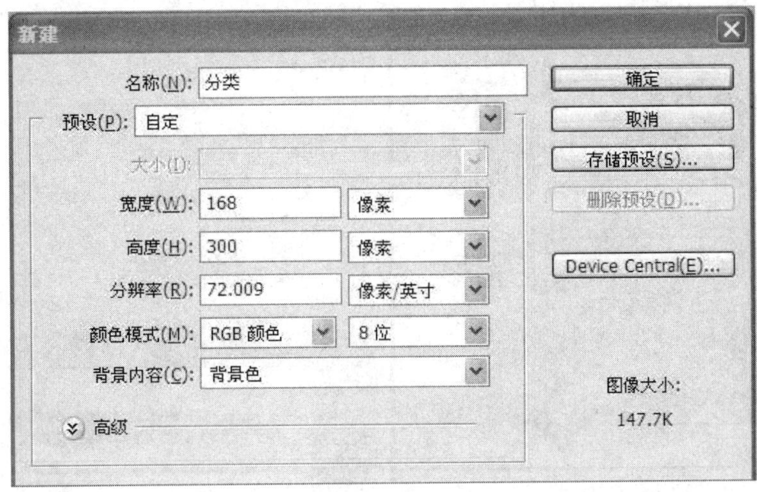

图 2-27 新建“分类.PSD”文档

(2) 运用“钢笔”工具，勾画出图形的形状，栅格化图形，使用“油漆桶工具”填充颜色，如图 2-28 和图 2-29 所示。

图 2-28 油漆桶属性栏

图 2-29 颜色填充效果图

(3) 运用“渐变”工具，创建多种颜色的渐变混合，产生混合渐变色彩的效果，使图片更美观，如图 2-30、图 2-31 和图 3-32 所示。

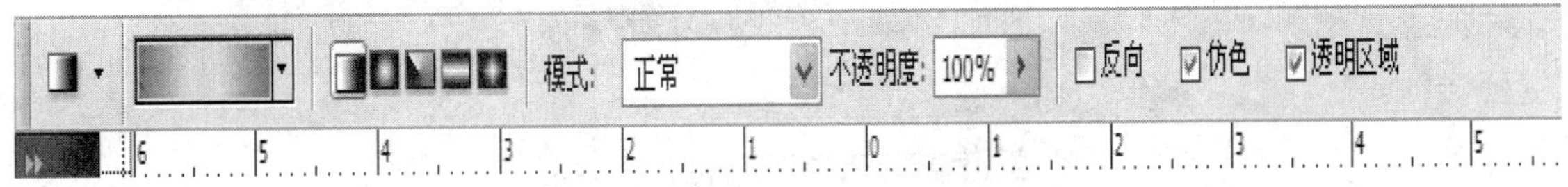

图 2-30 渐变工具属性栏

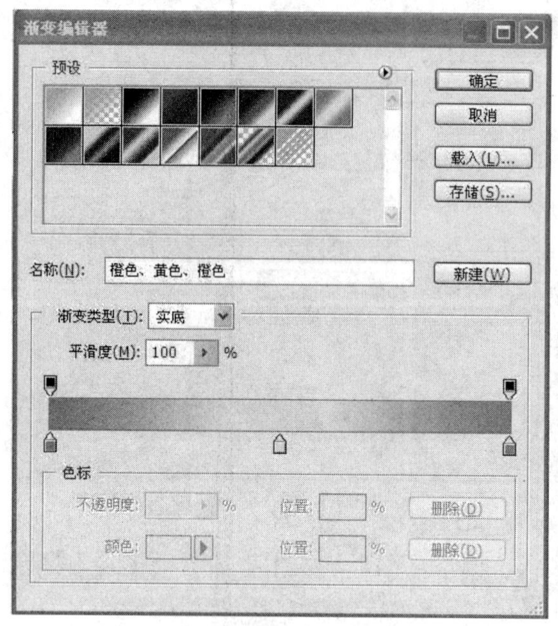

图 2-31 渐变色编辑器

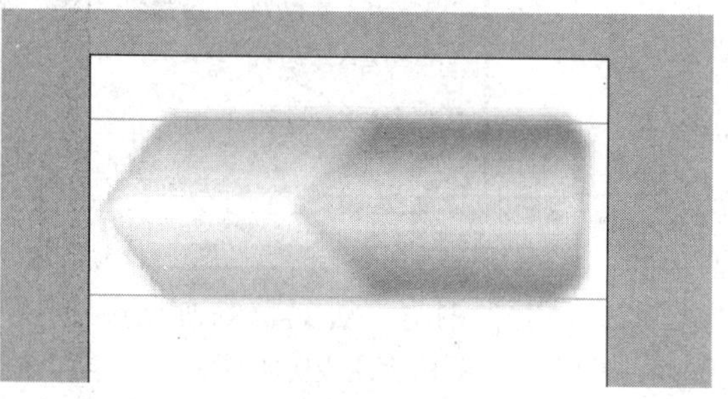

图 2-32 渐变效果图

(4) 运用“文字工具”，编辑文字，设置字体系列及调整文字大小，如图 2-33 所示。

图 2-33 编辑文字

(5) 用同样的方法，编辑分类图片 2 及分类图片 3，效果如图 2-34 所示。

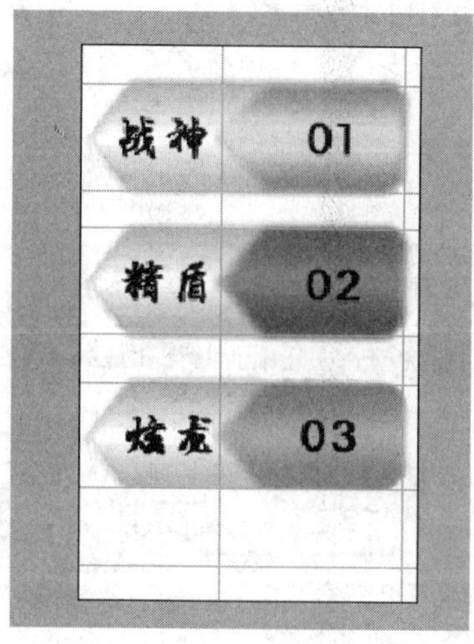

图 2-34 完成效果图

(6) 使用“切片工具”，对图片进行切片，如图 2-35 和图 2-36 所示。

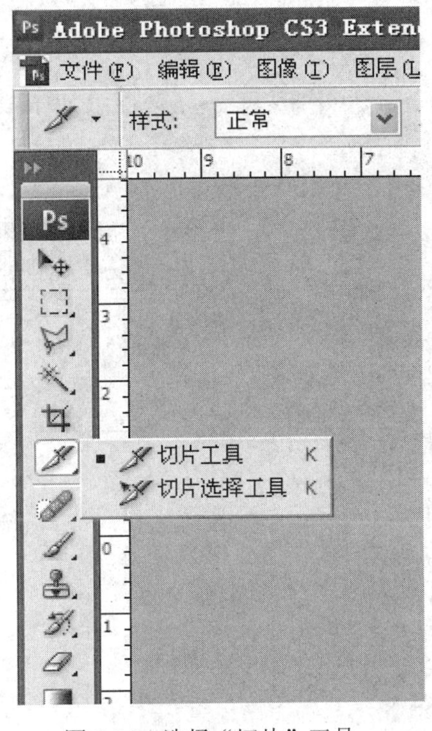

图 2-35 选择“切片”工具

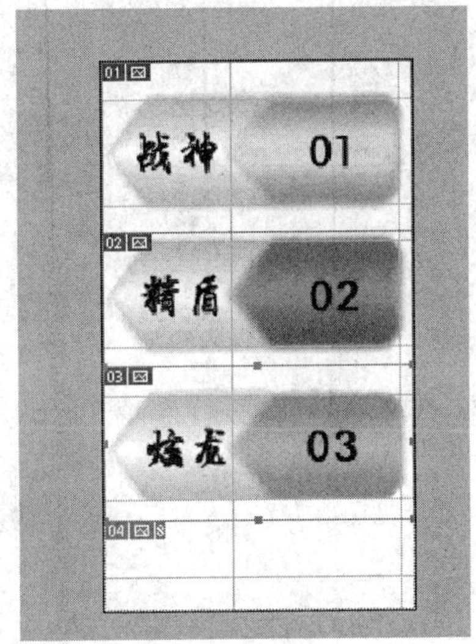

图 2-36 图片切片

(7) 文件存储为“Web 和设备所用格式”，如图 2-37 所示。选择 JPEP 图像选项，点击存储，如图 2-38 所示。

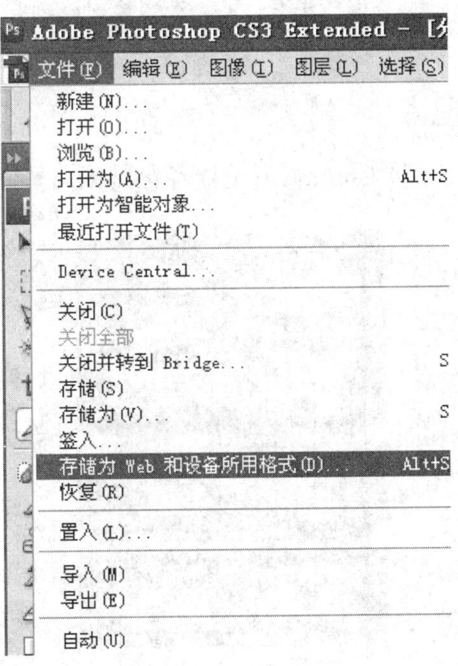

图 2-37 选择存储格式

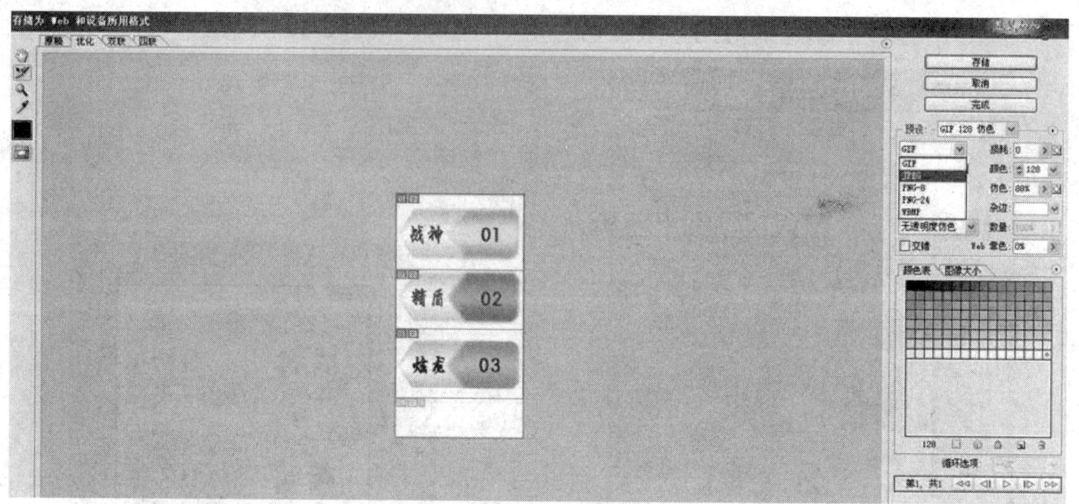

图 2-38　存储文档

(8) 存储文档完成，得出效果图，如图 2-39 所示。

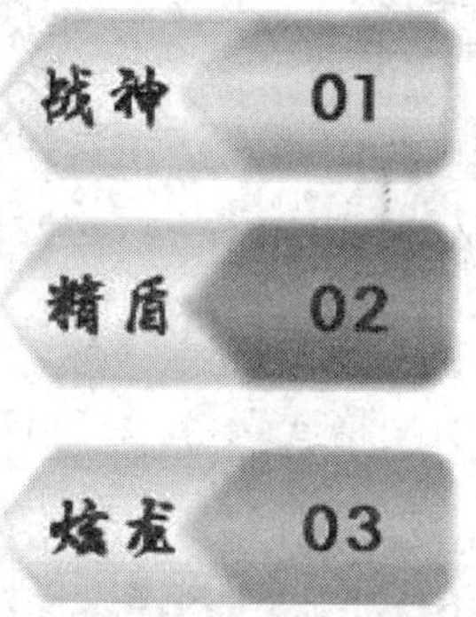

图 2-39　整体效果图

实践 2　分类目录图设计

本实践做出如下效果，通过 Chrome 浏览器预览测试，如图 2-40 所示。

图 2-40　分类目录图效果

具体实现步骤如下：

(1) 新建 160 px × 60 px(宽 × 高)的文件。

(2) 定义 3 px × 3 px 的图案，用图案图章工具直接在图层上涂抹，如图 2-41 所示。涂抹后效果如图 2-42 所示。

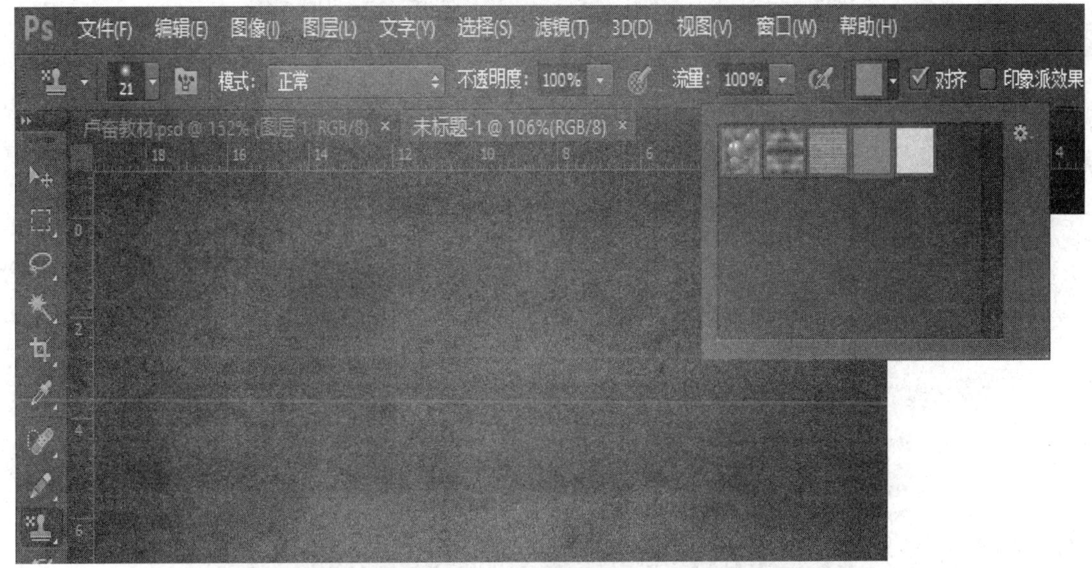

图 2-41　图案图章工具涂抹

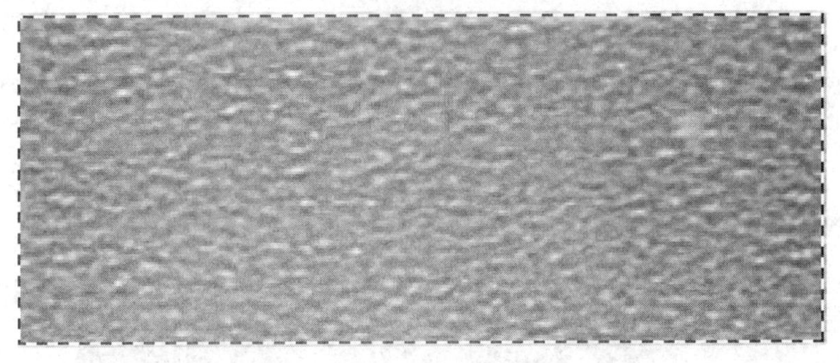

图 2-42　涂抹后的效果图

(3) 在路径工具中选择圆角矩形，绘制一个圆角矩形路径，如图 2-43 所示。

图 2-43　画出矩形路径效果图

(4) 设置画笔笔尖形状和形状动态，如图 2-44 所示。

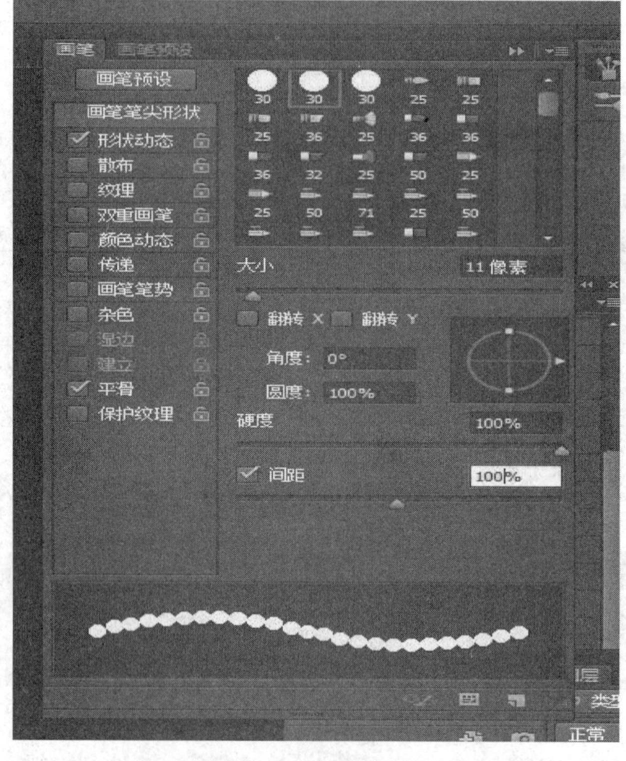

图 2-44 画笔笔尖形状动态

(5) 对绘制的圆角矩形路径进行画笔描边，如图 2-45 所示。

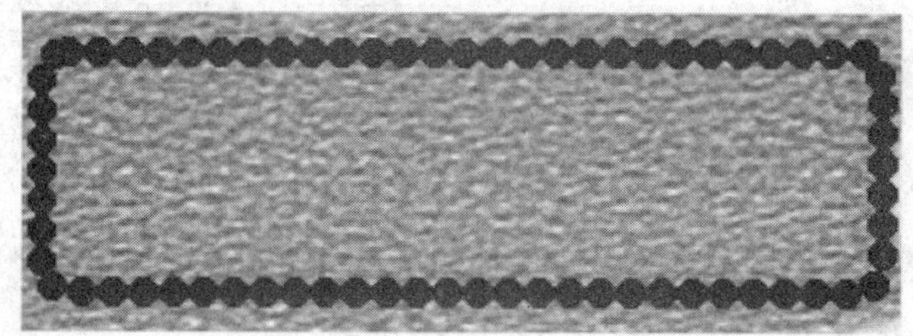

图 2-45 描边后效果图

(6) 添加图案(见素材图版)作为装饰，如图 2-46 所示。

图 2-46 添加图案后效果图

(7) 添加文字，在工具箱中选择文字工具，调整文字的字体、字号和颜色，再根据商品输入相应的文字，完成后效果如图 2-47 所示。

图 2-47　添加文字后效果图

(8) 根据以上步骤依次制作目录的其他项目，最终整体效果图如图 2-48 所示。

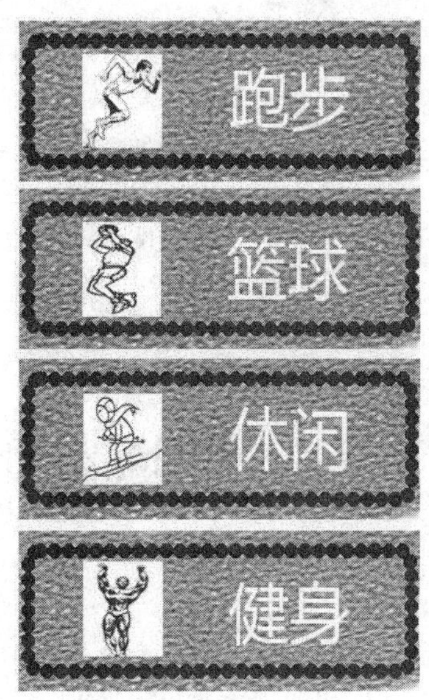

图 2-48　整体效果图

2.2.5　技能拓展

(1) 运用“铅笔”、“钢笔”、“填充”及“渐变”等工具，制作 120 px × 950 px 大小的商品类目，效果如图 2-49 所示。

图 2-49　商品类目效果图

(2) 运用“图章”、“画笔”等工具，制作一个分类目录，效果如图 2-50 所示。

图 2-50 分类目录效果图

任务 2.3 主图和缩览图设计

2.3.1 任务目标

本任务的学习目标如下：

(1) 认识和了解主图与缩览图；

(2) 了解主图的作用；

(3) 掌握主图和缩览图的设计技巧；

(4) 能够为店铺设计合适的产品主图和缩览图。

2.3.2 任务分析

在本任务中，首先认识网店主图和缩览图，了解主图在网店中的重要作用，然后在此基础上，掌握主图和缩览图的设计技巧。

通过任务实践操作，能够为店铺设计美观大方的主图和缩览图。

2.3.3 知识准备

1. 网店主图

网店主图是店主自主完成设计网店装修所使用的代码或图片。网店商品主图是对所销售商品的一种最直接的视觉展示方式。在主图里尽可能地展示产品全方位的信息，比如展示促销信息，让买家看到图片就知道店铺有优惠活动，以便更能吸引顾客点击。产品信息要做得美观、大方，更能吸引眼球。在淘宝上，主图的设计要求是正方形，一般设置规格是 800 px × 800 px。

2. 主图作用

1) 产品展示

挖掘自己产品的优势，通过分析市场、分析竞争对手、给自己的产品做差异化，让自己的产品在瞬间吸引消费者的眼球。突出卖点，主图上可以展示促销信息，可以言简意赅地传达产品信息，彰显产品功能，突出产品细节。

2) 以最佳的方式将产品的价值传递给客户

主图可以增加辨识度，在第一时间吸引消费者的注意，并让消费者产生兴趣和好感，以获取消费者的点击，从而有效地提高点击率，增加流量。

3) 主图是店铺的门面

我们面对的是活生生的消费者，他们有情感、有情绪、有喜好。消费者所具备的这些东西本能地将会对他们所看到的东西形成第一印象。差的第一印象将以先入为主的方式告诉消费者这种产品质量不好。良好的第一印象将给消费者感觉这种产品档次高，质量肯定没问题。

3. 主图设计技巧

1) 突出产品特色

产品的好坏只是其一，产品的优势和特色在哪里一定要表示清楚。在主图上，可以设计上亮框，把要说明的文字放上去，当然，文字一定要具有艺术性，不能使用普通字体，那样会让产品档次降低。

2) 展露主要产品外观

主图上一定要有产品图片，产品是什么样的，浏览者要能看得到。有的时候买东西，比如说衣服，关键看第一印象，看看好不好看，一定范围上来讲，产品图决定了销量。所以，拍好图、注重设计，并且把产品外观最佳的角度与部分表示出来。

色彩艳丽明快，高档为好。如果主图低档，相信很难吸引眼球。这个色彩搭配就显得十分重要，并且需要配合文字以及艺术设计。现在不少人高薪聘请美工，就是为了设计主图。

3) 适当借助模板

在网上有很多的模板，这个模板你可以用来套产品，虽然并不一定完全合适，但如果仔细寻找，相信一定有所收获。值得注意的是，在网上下载模板有时候要收费，所以要仔细选择，选择最适合产品的。

无论你怎样设计，关键着眼点还是在于产品，可以突出，但是不能造假，这是最基本的要求。

4. 缩览图及其设计

缩览图显示在网店详情页上商品概要信息的主图区域内，作为主图的补充，主要作用是进一步展示商品的核心要素。除了主图，往往还需要补充四张缩览图，分别展示商品的全景、细节、可选型号、可选款式、特色等等。

缩览图是作为主图的补充，在设计中注意配合主图把商品的核心卖点展示出来，并且在色彩、内容、结构上要与主图保持一定的协调性。缩览图的设计技巧和主图一样，有时也认为，主图是一种特殊的缩览图，所以，五张缩览图都完毕后，从客户视觉关注角度，选择最能吸引客户的一张缩览图作为主图。

2.3.4 任务实践

实践 1 商品主图设计

本实践做出如下效果，通过 Chrome 浏览器预览测试，如图 2-51 所示。

图 2-51 商品主图设计

具体实现步骤如下：

(1) 运行 Phothoshop 软件，新建图片文件，像素设置为 800 px × 800 px，保存为“主图.psd”，如图 2-52 所示。

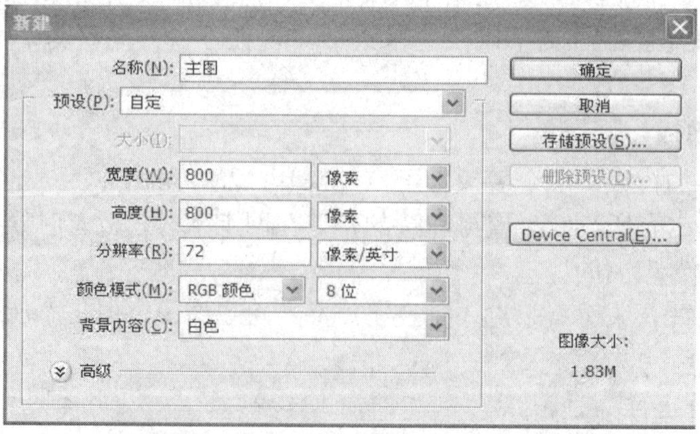

图 2-52 新建“主图.psd”文档

(2) 运用工具栏矩形工具，如图 2-53 所示。在快捷工具栏上对样式及颜色进行设置，如图 2-54 所示。分别画出黄、蓝、红三种颜色的矩形框，并栅格化形状，如图 2-55 所示。

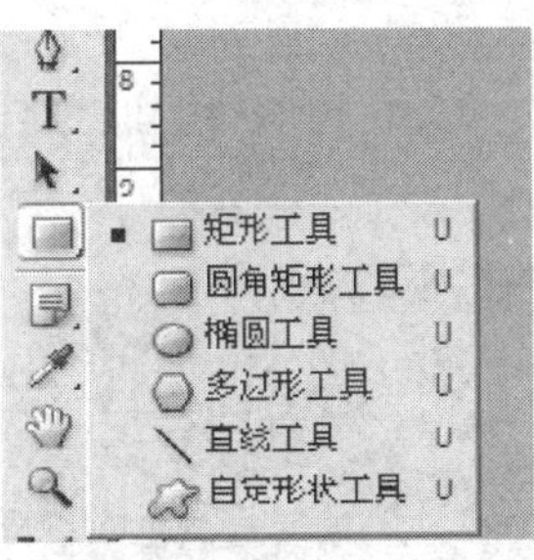

图 2-53　选择矩形工具

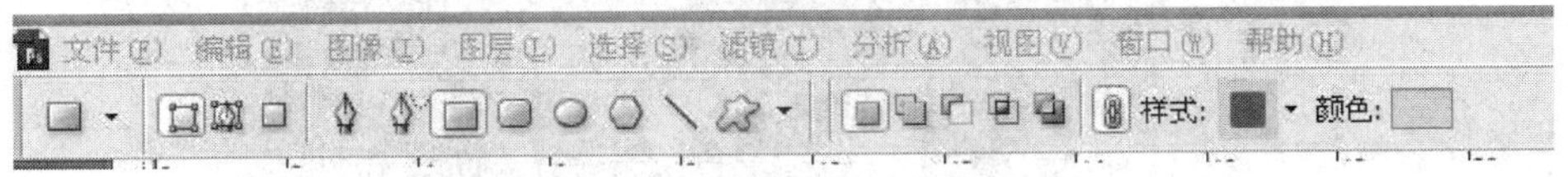

图 2-54　快捷工具栏设置

图 2-55　矩形框颜色填充效果图

(3) 运用文字工具，分别录入文字，得出效果图，如图 2-56 所示。

图 2-56　录入文字效果

(4) 打开素材文件“zt-1.jpg”，如图 2-57 所示。

图 2-57　打开素材文档

(5) 运用工具栏多边形套索工具，如图 2-58 所示。

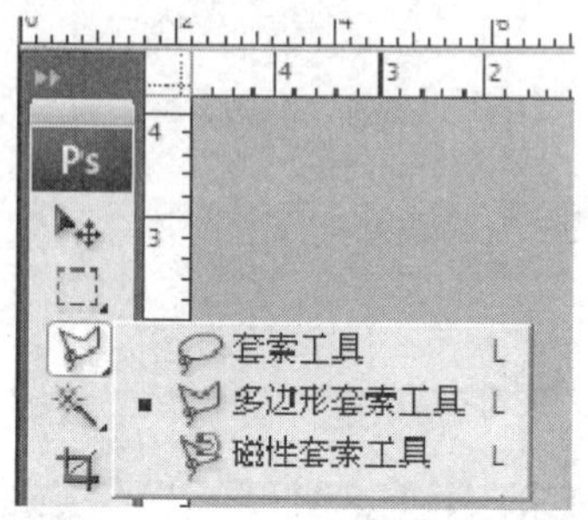

图 2-58　打开多边形套索工具

(6) 勾画出所示素材，如图 2-59 所示。复制抠出的素材并粘贴到主图文档，如图 2-60 所示。

图 2-59　运用套索工具选取素材

图 2-60　粘贴素材效果图

(7) 分别打开素材“zt-2.jpg”，如图 2-61 所示。

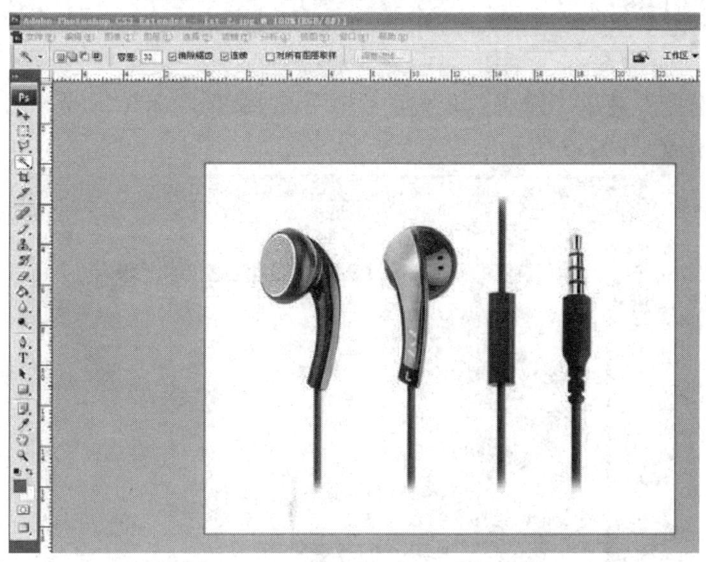

图 2-61　打开素材“zt-2.jpg”

(8) 使用工具栏的“魔棒工具”，如图 2-62 所示。点击选取素材白色背景，如图 2-63 所示。

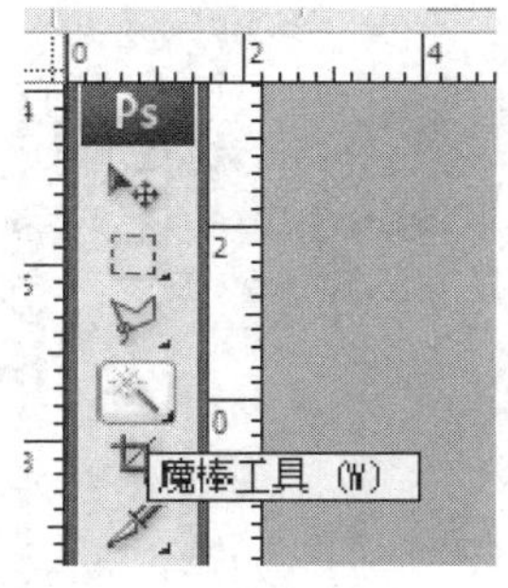

图 2-62　使用魔棒工具

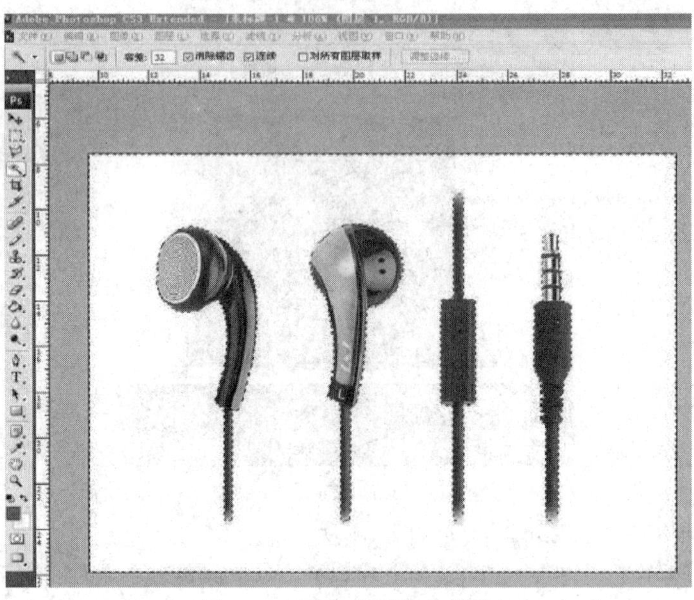

图 2-63 选取素材白色背景

(9) 打开“选择”菜单，选择“反向”选项，如图 2-64 所示。操作后，即可选取所需的耳机部分素材，如图 2-65 所示。

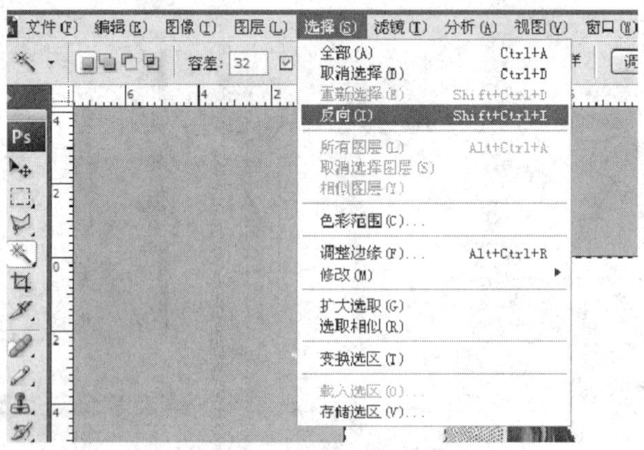

图 2-64 选择“反向”选项

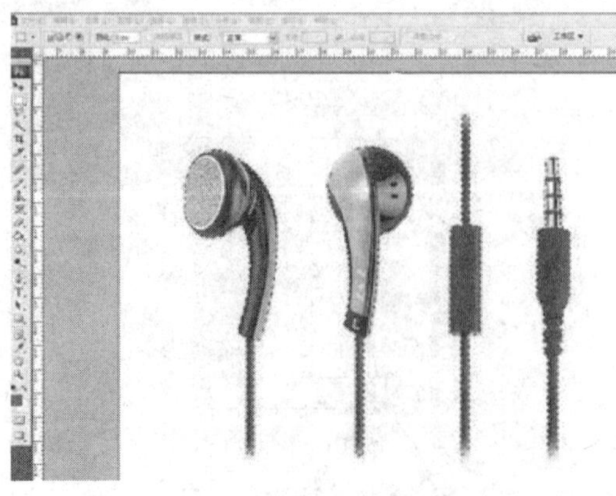

图 2-65 选取耳机部分素材

(10) 将素材拷贝至粘贴到主图文档，调整大小。采用同样的操作方法，打开素材“zt-3.jpg”、“zt-4.jpg”，抠选出所需电脑包及鼠标素材，粘贴到主图文档，最后得到效果图，如图 2-66 所示。

图 2-66　粘贴素材后效果图

(11) 合并图层，存储文档，最终得出效果图，如图 2-67 所示。

图 2-67　整体效果图

实践 2　商品缩览图设计

本实践做出如下效果，通过 Chrome 浏览器预览测试，如图 2-68 所示。

图 2-68　效果图

具体实现步骤如下：

(1) 运行 Phothoshop 软件，新建图片文件，像素设置为 800 px × 800 px，保存为“缩览图.psd”。

(2) 运用工具栏填充工具，填充背景色为灰色，如图 2-69 所示。

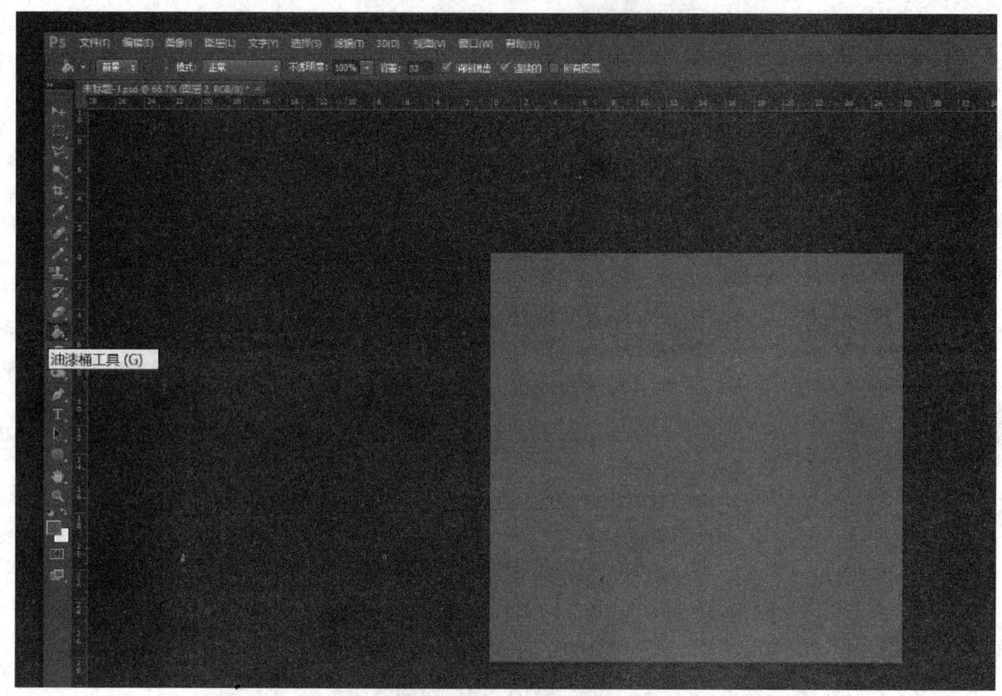

图 2-69　填充后效果图

(3) 添加图案(见素材图版)，适当调整素材大小，如图 2-70 所示。

图 2-70　添加素材效果图

(4) 合并图层，存储文档，最终得出效果图，如图 2-71 所示。

图 2-71　最终效果图

2.3.5　技能拓展

(1) 运用“矩形工具”“魔术棒”“填充”等工具，为“神舟战神笔记本电脑”制作一张 800 px × 800 px 的商品主图，通过百度等搜索引擎自行查找合适素材，注意主图需要突出产品的特色，还要能够突出产品价值。参考案例效果如图 2-72 所示。

图 2-72　参考主图效果图

(2) 运用填充等工具，为“神舟战神笔记本电脑”制作两张 800 px × 800 px 的商品缩览图，通过百度等搜索引擎自行查找合适素材，注意缩览图要能展示出产品的特点。参考案例的效果如图 2-73、图 2-74 所示。

图 2-73 参考缩览图效果图

图 2-74 参考缩览图效果图

任务 2.4 详情页设计

2.4.1 任务目标

本任务的学习目标如下：

(1) 了解商品详情页的目的和作用；

(2) 掌握商品详情页制作的方法；

(3) 能够为店铺设计制作商品详情页。

2.4.2 任务分析

在本任务中，认识和了解商品描述的主要内容、描述顺序、规则等，在此基础上掌握网店商品详情图片的制作方法。

通过任务实践操作，能够为店铺设计制作精美、图文并茂的商品详情页。

2.4.3 知识准备

1. 商品详情页概述

商品详情页是展示商品详细信息的一个页面，承载着网站的大部分流量和订单的入口。是由文字、图片、视频构成的，向买家介绍宝贝属性、使用方法等详细情况的页面。其最主要作用就是完成订单，实现转化。

目前商品详情页个性化需求非常多，数据来源也是非常的多，很多商家都设计了商品详情页的架构，主要包括三部分：商品详情页系统、商品详情页统一服务系统和商品详情页动态服务系统。其中，商品详情页系统负责静的部分，统一服务系统负责动态的部分，动态服务系统负责给内网其他系统提供一些数据服务。

比如，京东商城目前有通用版、全球购、闪购、易车、惠买车、服装、拼购、今日抄底等许多套模板。各套模板的源数据是一样的，只是展示方式不一样。

2. 商品详情页作用

1) 全面展示产品，能够进一步激发顾客的购买欲望

网购和实体店购物最大的不同之处就是，客户不能真实的接触产品，只能依靠卖家展示的产品图片和已购买过的买家评论来猜测产品的质量，然后决定是否购买。因此，卖家就需要在买家的关注点上面下功夫。

产品图片作为最基本的展示点，也是卖家最容易大意的地方，卖家在做到产品图片清晰美观的同时，也要考虑到是否过度修图，造成产品与图片相差过大，这样容易在后期产生纠纷。

2) 打造宝贝的差异化和个性化，提升产品的竞争力，摆脱价格战

通过详情页的描述，突出时间、价格等信息，增加买家的紧迫感。提高买家的信任度，增加买家往下浏览的信心，突出店铺实力，获得更多买家的信任，突出产品的质量，让消费者信任店铺。比如，如果卖家经营的是电子电器类商品，需要在详情页面标注产品的注意事项，以及简单的使用说明，能够让客户对产品有进一步的了解，进而提升产品的转化率。

产品详情页面，作为店铺详情页的一部分，已经越来越受到卖家的重点对待，无论是提高转化率，还是提升整个店铺的浏览量，详情页面都能起到很大的推动作用。

3. 商品详情页设计

1) 分析产品

分析产品的优势、劣势、机会、威胁，产品是根本，产品特点要明确，不要拐弯抹角，怎么好看怎么做，要基于产品本身，表现产品本身，才是引起客户购买的主要因素。其他的各个方面，只是促成你的产品关联转化，又或者是给客户购买你的产品信心的另外一重保障。

2) 分析目标人群

分析目标客户是谁，了解年龄、性别、消费层级、消费习惯，了解客户购买可能产生的顾虑，怎么解决顾虑和需求。

3) 详情页买家浏览习惯

一般浏览人员对详情页访问比例占 75%～80%，首页访问占比 15%～20%，其余的是二级页面分类页等。经过分析，买家在详情页停留的时间平均是 70 秒，50%左右的买家看详情页不到 50 秒。

大部分买家只看了详情页的前 3 屏左右，看完详情页的买家非常少，所以详情页不能太长。一般建议图片不要多于 25 张，每张高度不高于 1500 px，大小也不要过大，避免加载时间过长导致买家直接关掉详情页。详情页里的图片描述要高清大图，高清细节，文案精炼，排版有条理。

4) 确定模块以及模块顺序

确定描述的文字、视频及图片等各个模块的顺序，有条理地向消费者展示出产品的详情信息及相关说明。

比如电子产品的描述，针对产品属性描述、促销价格信息、套餐信息、售后服务信息等模块排版要有条理，清晰明了。

2.4.4 任务实践

实践 1　商品详情页设计

本实践做出如下效果，通过 Chrome 浏览器预览测试，如图 2-75 所示。

图 2-75　详情页效果图

具体实现步骤如下：

(1) 新建图片文件，宽度和高度设置为 750 px × 1600 px，保存为“分类.psd”，如图 2-76 所示。

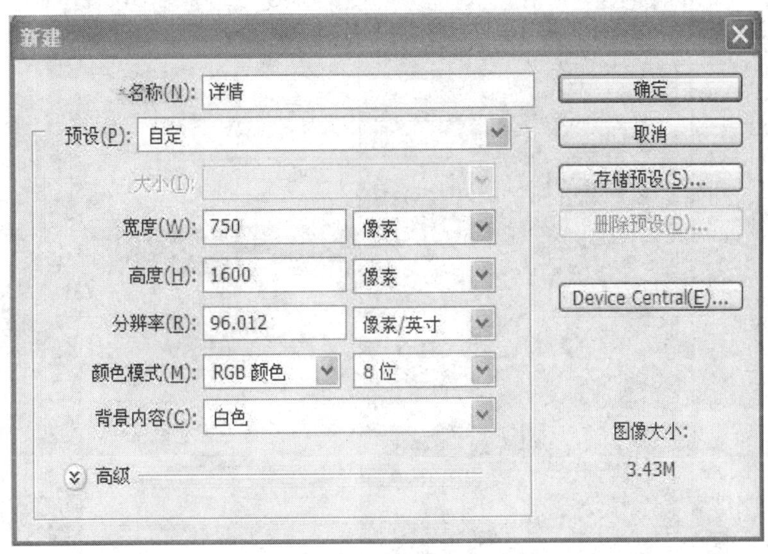

图 2-76　新建文档

(2) 将详情页分为三个模块，排列好模块顺序，定出框架结构，分别为“杯身材质解剖”、“产品信息”和“使用须知”。

(3) 使用“钢笔工具”和“矩形工具”绘画出矩形框，使用“画笔工具”选择合适的硬度，调整不透明度为 50%，如图 2-77 所示。

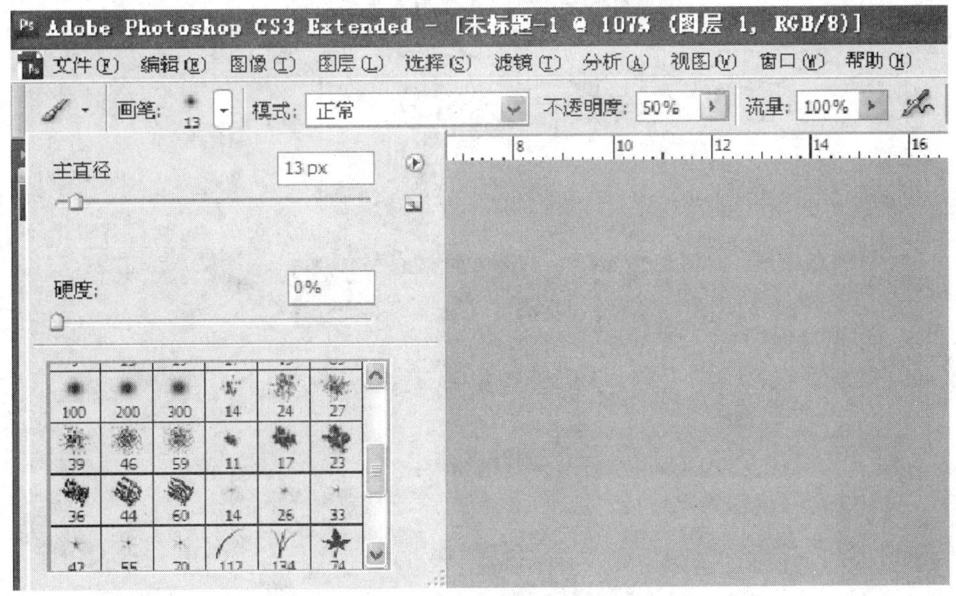

图 2-77　使用画笔工具

(4) 录入文字，完成后效果如图 2-78 所示。相同的色块模块，可以使用复制-粘贴的方法。

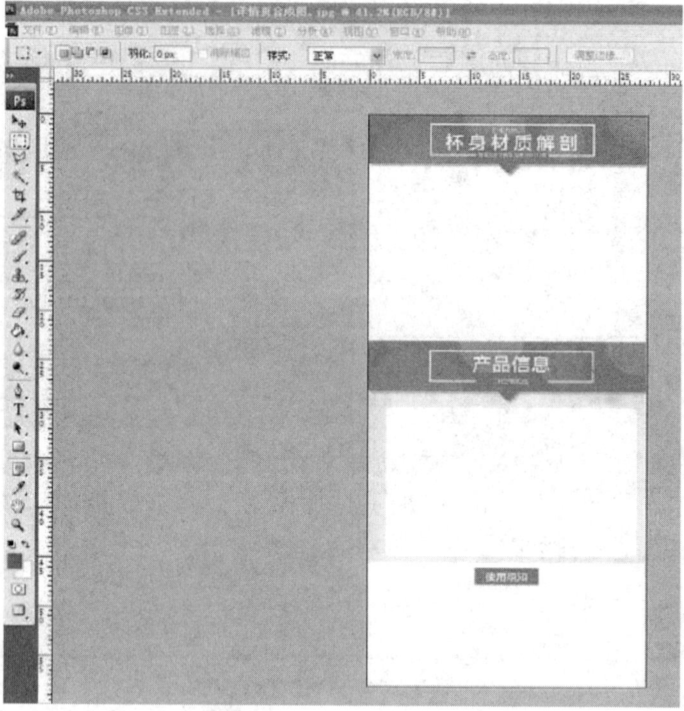

图 2-78　模块效果图

(5) 应用任务 2.3 中掌握的抠图方法，抠出商品图片，粘贴到“详情.psd”文档中，录入相应文字，得出最终效果图，如图 2-79 所示。

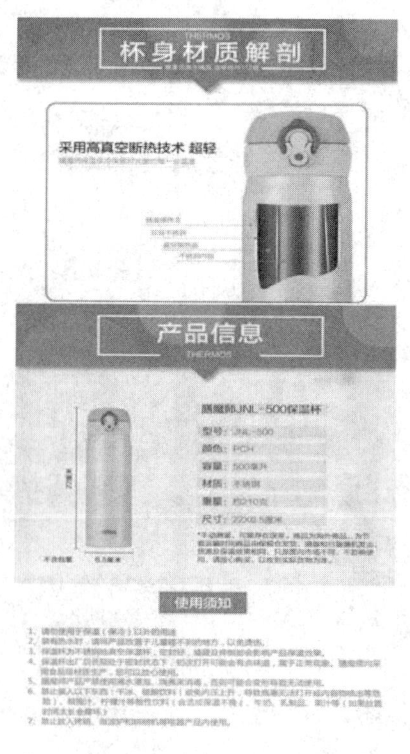

图 2-79　整体效果图

特别注意，操作过程要合理安排模块的排列顺序，突出产品信息，若将详情页上传到网站平台，以淘宝平台为例，上传时需要将图片进行切片操作，比如可以将以上案例图片切片分为三幅小图上传，长度过大的图片在众多平台里是不允许上传的。图片的切片操作在任务 2.2 已经阐述，这里不再重复。

实践 2　店铺须知设计

本实践做出如下效果，通过 Chrome 浏览器预览测试，如图 2-80 所示。

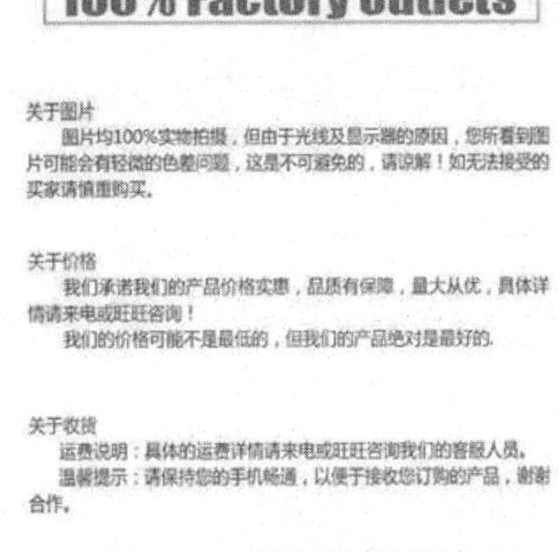

图 2-80　店铺须知效果图

具体实现步骤如下：

(1) 新建图片文件，像素设置为 480 px × 800 px，保存为“店铺须知.psd”。

(2) 使用自定义形状工具根据属性栏中的预设形状绘制特殊形状路径或图形，也可以自定义各种形状。其属性栏如图 2-81 所示。

图 2-81　“自定义形状工具”属性栏

(3) 单击形状右侧下拉列表框，可弹出预设的形状下拉列表，如图 2-82 所示。

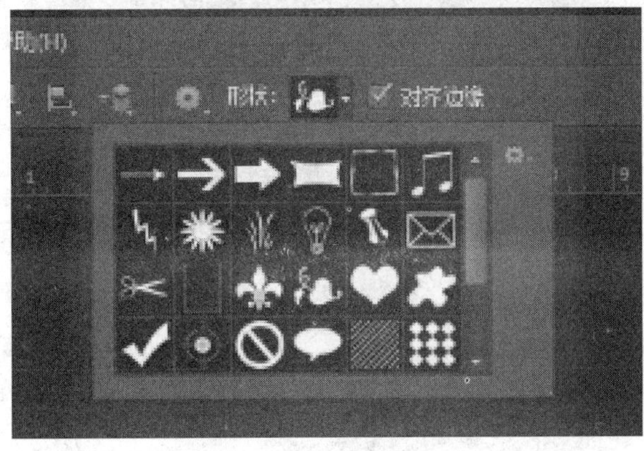

图 2-82　形状下拉列表

还可以自己定义形状路径，方法如下：创建一种形状路径，选择“编辑”下的“自定义形状”命令，弹出“形状名称”对话框，然后将自定义的形状保存在预设的下拉列表中。

(4) 运用文字工具，录入相应文字，得出所设计的图案顶部，如图 2-83 所示。

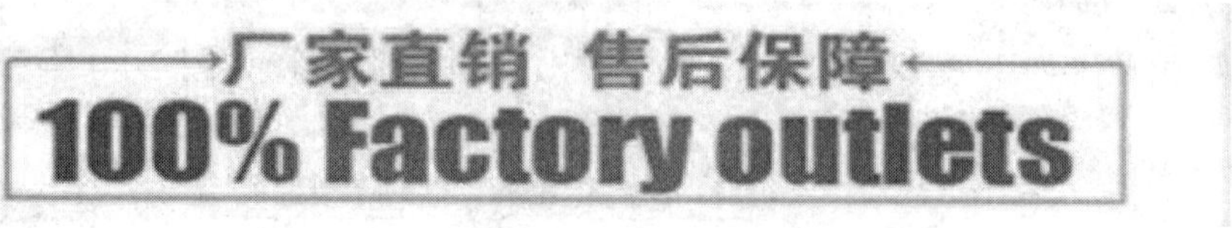

厂家直销 售后保障
100% Factory outlets

图 2-83 顶部设计效果图

(5) 选择“T”文字工具，拉矩形录入框，输入如图 2-84 所示的文字。

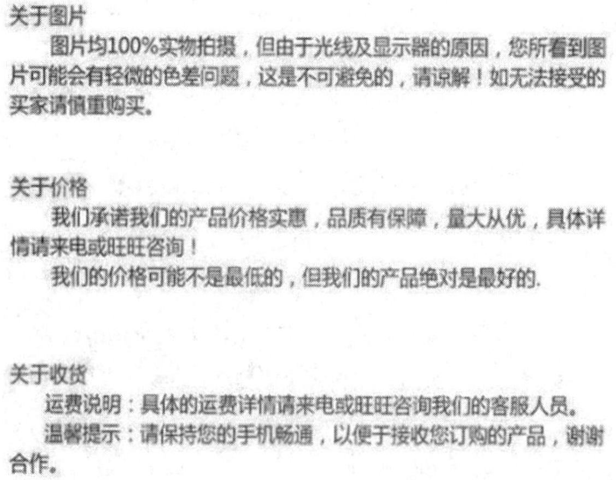

关于图片
图片均100%实物拍摄，但由于光线及显示器的原因，您所看到图片可能会有轻微的色差问题，这是不可避免的，请谅解！如无法接受的买家请慎重购买。

关于价格
我们承诺我们的产品价格实惠，品质有保障，量大从优，具体详情请来电或旺旺咨询！
我们的价格可能不是最低的，但我们的产品绝对是最好的.

关于收货
运费说明：具体的运费详情请来电或旺旺咨询我们的客服人员。
温馨提示：请保持您的手机畅通，以便于接收您订购的产品，谢谢合作。

图 2-84 输入文字

(6) 利用“文字选项栏”和“文字调板”对文字进行合理排版，如图 2-85、图 2-86 和图 2-87 所示。

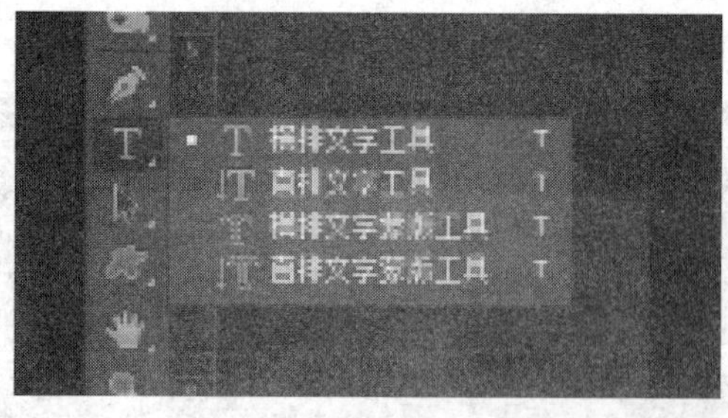

图 2-85 文字工具选项

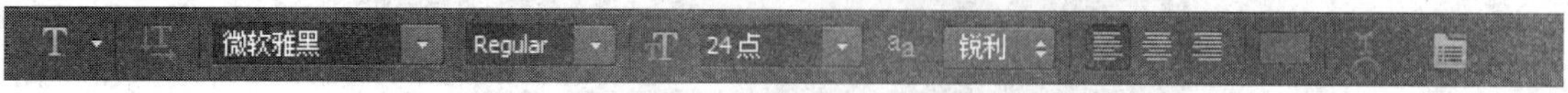

T 微软雅黑 Regular 24点 锐利

图 2-86 文字工具属性栏

字符　段落
微软雅黑
Regular
24点
(自动)
0
0%
100%
100%
0点
颜色：
美国英语
锐利

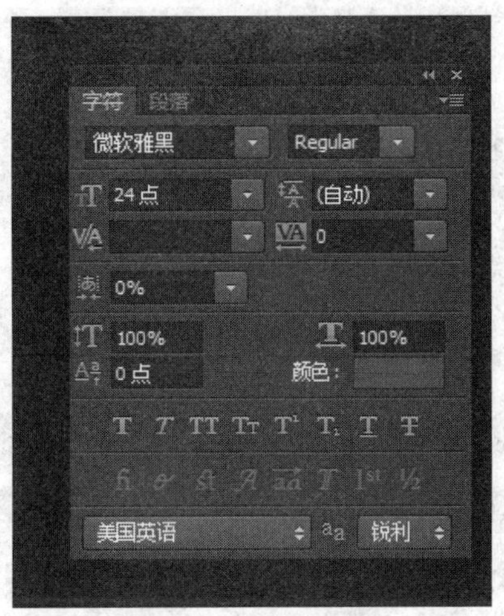

图 2-87　字符调板

(7) 调整完毕，得出最终整体效果图，如图 2-88 所示。

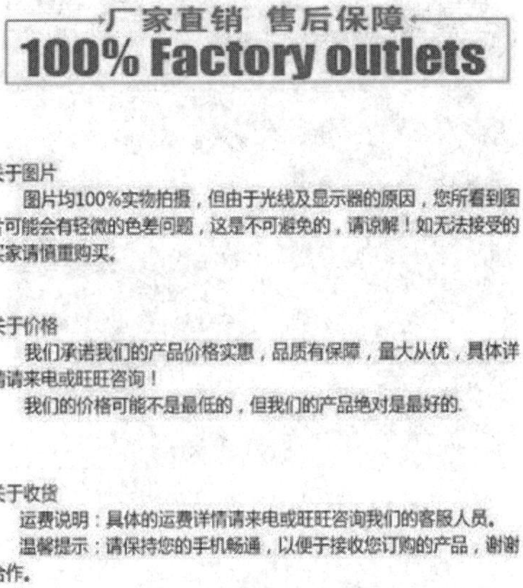

厂家直销　售后保障
100% Factory outlets
关于图片
图片均100%实物拍摄，但由于光线及显示器的原因，您所看到图片可能会有轻微的色差问题，这是不可避免的，请谅解！如无法接受的买家请慎重购买。
关于价格
我们承诺我们的产品价格实惠，品质有保障，量大从优，具体详情请来电或旺旺咨询！
我们的价格可能不是最低的，但我们的产品绝对是最好的.
关于收货
运费说明：具体的运费详情请来电或旺旺咨询我们的客服人员。
温馨提示：请保持您的手机畅通，以便于接收您订购的产品，谢谢合作。

图 2-88　整体效果图

我们还可以通过网络或其他途径找到好的字体文件，安装到本机硬盘待用。一般的操作是复制字体文字 TTF，将其粘贴至 C:\WINDOWS\FONTS 文件夹下，即安装完毕，最后打开任意可处理文字的软件，就可以使用安装好的新字体。使用多种多样的字体字形，可以使我们的设计更具艺术风格，突出文字宣传的效果。

2.4.5　技能拓展

(1) 运用“矩形工具”、“画笔”、“钢笔”等工具，为型号为 T6TI-X5S 的神舟战神笔记本电脑制作一张 750 px × 1900 px 的商品详情页，通过百度等搜索引擎自行查找合适素材，参考网站：maimaike.taobao.com，注意详情页各模块的设计，突出产品信息，以更好地展示店铺中的“宝贝”，促进产品的热销。参考案例效果如图 2-89 所示。

图 2-89 详情页参考图

(2) 运用“自定义图形工具”、“文字工具”、“选框”等工具制作店铺提示。参考案例效果如图 2-90 所示。(提示：制作时可以通过百度搜索边框模板进行创意设计。)

图 2-90　参考效果图

任务 2.5　促销图设计

2.5.1　任务目标

本任务的学习目标如下：

(1) 能够对商品做出相应的广告促销策划；

(2) 了解促销广告的风格特点和主要内容；

(3) 掌握促销图制作的方法；

(4) 能熟练运用所学的工具设计制作产品促销广告。

2.5.2　任务分析

在本任务中，认识和了解促销图的作用，掌握促销广告的类型和排版方式，在此基础上掌握商品促销图的制作方法。

通过任务实践操作，能够为产品设计合理的产品促销图。

2.5.3　知识准备

1. 促销广告的风格特点

1) 主题鲜明

每张促销广告都具有特定的内容与主题，促销的过程就像一次演讲，所有的元素都必须围绕主题展开，不能无的放矢地表达。促销的主题一般是价格、折扣和其他促销内容本身，这些信息应放在视觉焦点上，以独特的视觉元素，富有创意地将信息表现出来，在设计时要有号召力与感染力，如图 2-91 所示。

图 2-91　主题鲜明促销图

2) **视觉冲击力**

促销图一般是放在店铺的首页，视觉效果的优劣直接关系到能不能吸引买家到店铺访问的兴趣，促销图所表现的内容，画面应有较强的视觉中心，力求新颖，要调动形象、色彩、构图等因素，给买家留下深刻的印象，如图 2-92 所示。

图 2-92　视觉冲击力强的促销图

3) **富于创意**

促销图除了能传达商品促销的主要内容外，还要能起到刺激消费者购买欲的目的；在满足与消费者的互动外还必须具有独特的艺术风格和设计特点，如图 2-93 所示。

图 2-93　富于创意的促销效果图

2. 促销广告的内容

促销广告的内容主要包含背景、文案和产品，其中背景主要用来衬托产品；文案要突出产品的名称、卖点和促销的方式；产品主要用来装饰促销页面，装饰的目的在于填补空白和集中内容，令版面更丰富，从而更吸引人群的视线，但不能太过花俏，要适可而止，如图 2-94 所示。

图 2-94　促销广告图

3. 促销广告的类型

促销广告有各式各样的类型，主要包括特价促销广告、抽奖海报、新品上市海报等，不同类型的促销广告要根据不同的特点进行相应设计，比如在设计特价促销广告时，要突出特价信息、商品、价格，这三方面的信息要吸引消费者的眼球；在设计抽奖海报时，突出抽奖的“送”字和“礼”字，而不是突出礼品；在设计新品上市海报时，主题要清晰，突出新品上市，产品主要功能方面如果没有特别突出的功能，不需要太过突出。

2.5.4　任务实践

实践 1　新品促销图设计

本实践做出如下效果，通过 Chrome 浏览器预览测试，如图 2-95 所示。

图 2-95　新品促销图设计

具体实现步骤如下：

(1) 新建图片文件，像素设置为 950 px × 400 px，保存为“促销图.psd”，如图 2-96 所示。

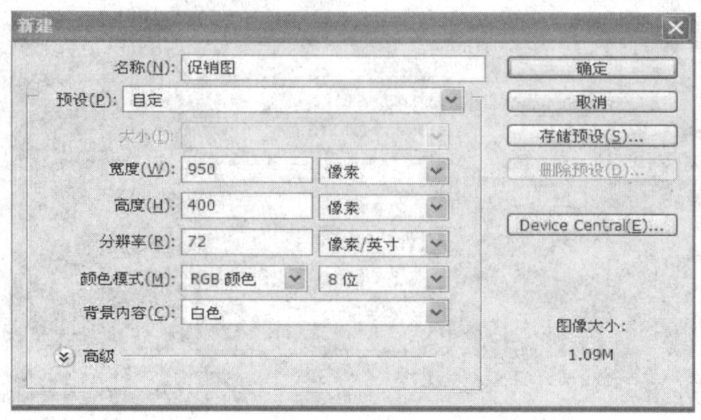

图 2-96 新建“促销图.psd”文档

(2) 选择工具栏“渐变工具”，如图 2-97 所示。点击快捷工具栏，如图 2-98 所示。打开渐变编辑器，如图 2-99 所示。填充为径向渐变，如图 2-100 所示。

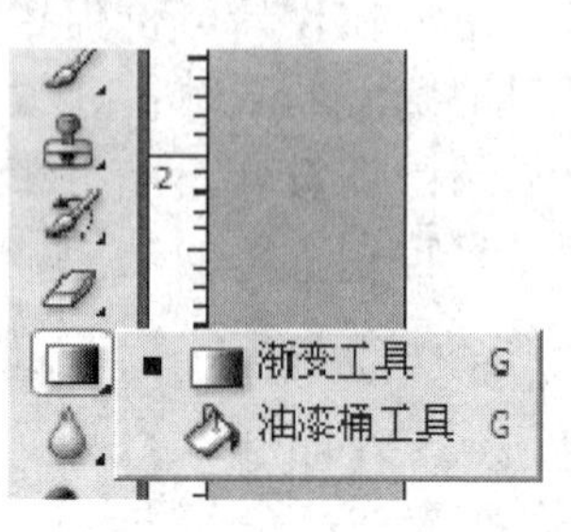

图 2-97 选择“渐变工具”

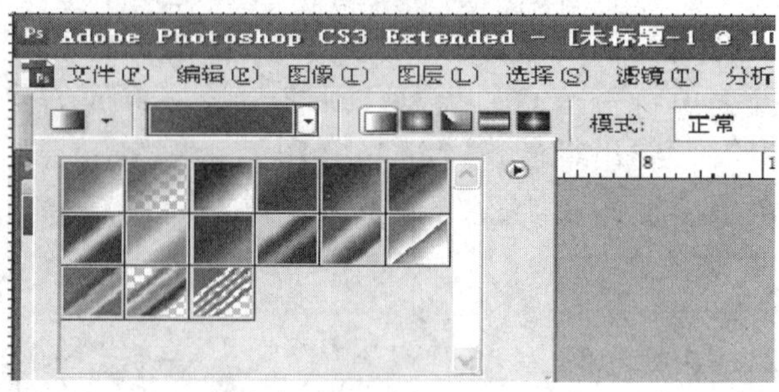

图 2-98 快捷工具栏渐变设置

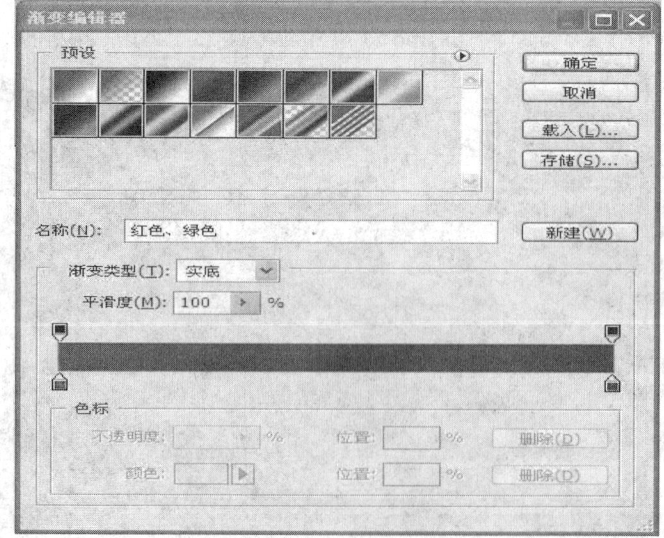

图 2-99 打开渐变编辑器

图 2-100　设置文档颜色渐变

(3) 新建图层 1，选择画笔工具，设置前景色为白色，设置画笔工具，不透明度为 50%，如图 2-101 所示。在图层上绘制图案，如图 2-102 所示。

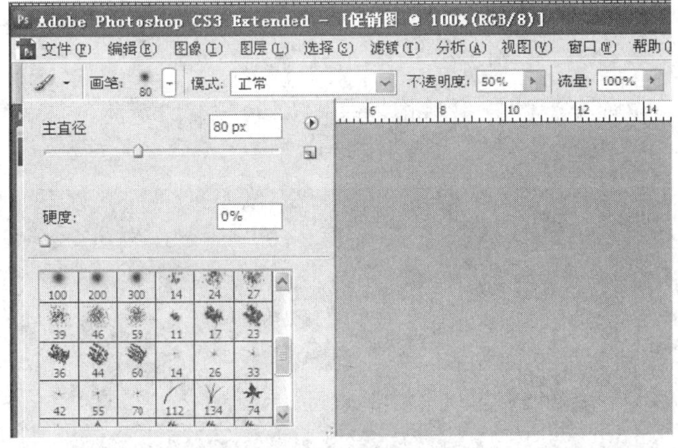

图 2-101　设置画笔工具

图 2-102　绘制图案

(4) 打开素材“5-1.jpg、5-3.jpg”，抠出图像，并复制到新建的文档，如图 2-103 所示。

图 2-103 复制素材到新建文档

(5) 录入文字，设置合适的艺术字体，使图片更美观。至此，商品促销图制作完成，如图 2-104 所示。

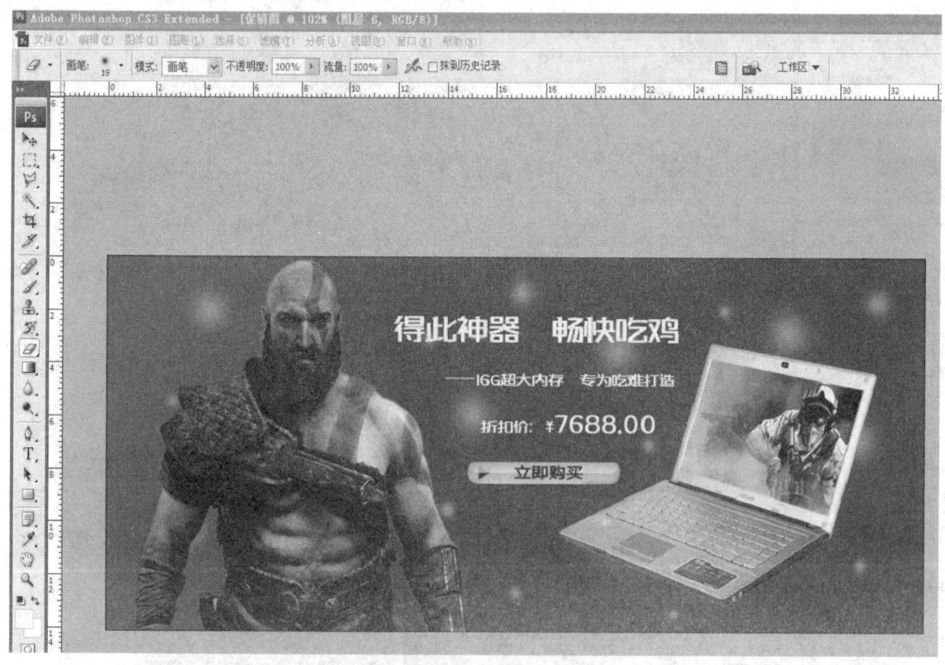

图 2-104 整体效果图

实践 2 秒杀促销图设计

本实践做出如下效果，通过 Chrome 浏览器预览测试，如图 2-105 所示。

图 2-105　秒杀促销图

具体实现步骤如下：

(1) 新建图片文件，像素设置为 400 px × 800 px，保存为“秒杀.psd”，如图 2-106 所示。

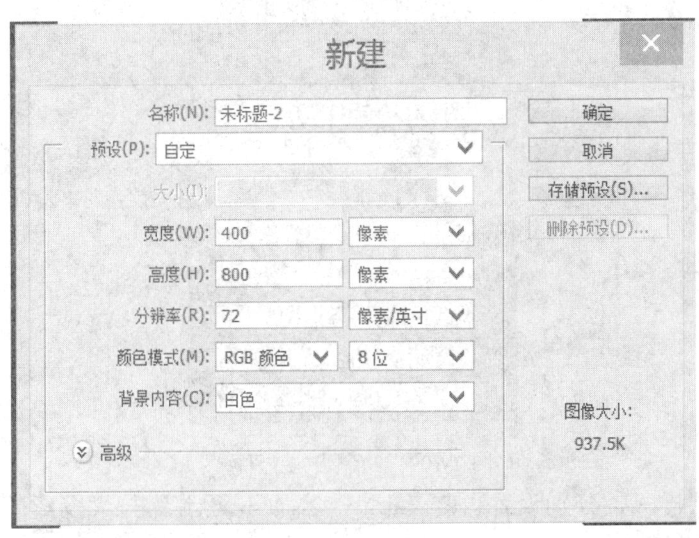

图 2-106　新建文档

(2) 运用填充渐变工具，填充线性渐变，如图 2-107、图 2-108 所示。

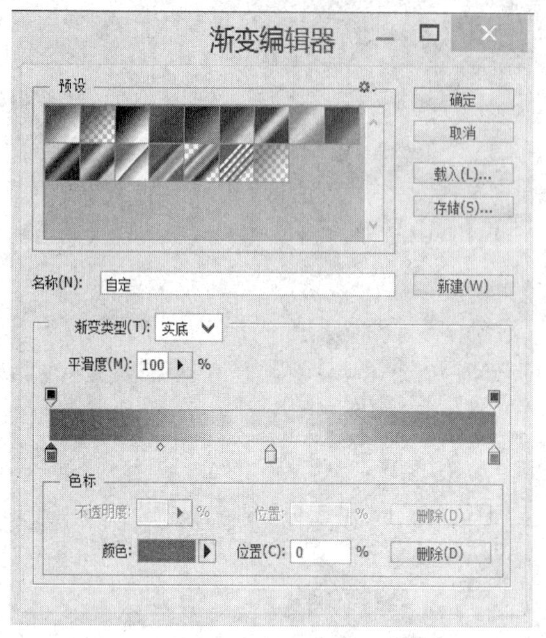

图 2-107　打开渐变编辑器

图 2-108　填充后效果图

(3) 新建图层，运用自定义形状工具，绘制图形，如图 2-109 所示。

图 2-109　绘制自定义形状

(4) 打开图层样式，分别设置自定义形状“斜面和浮雕”与“投影”增加立体效果，如图 2-110、图 2-111 所示。

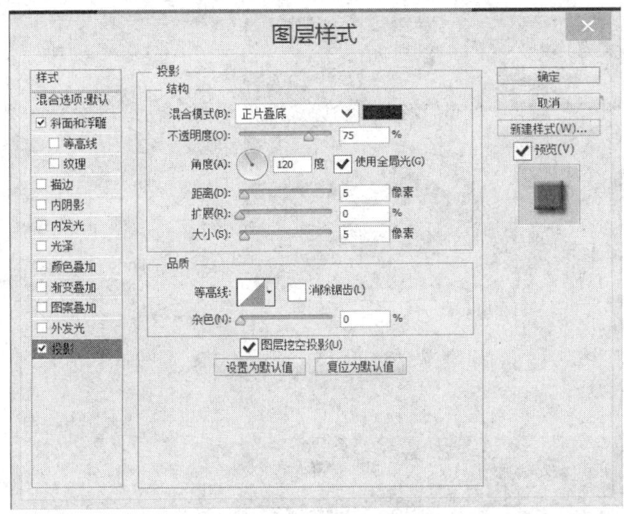

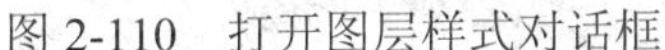

图2-110　打开图层样式对话框

图2-111　设计立体效果

(5) 使用文字工具输入文字“限时秒杀”，设置字体为“黑体”，大小为72点，设置颜色为“黄色”，并给字体加粗，选中文字图层，单击鼠标右键，在弹出的快捷菜单中选择“栅格化文字”命令，完成后效果如图2-112所示。

图2-112　录入文字

(6) 单击工具箱中的“椭圆选择”工具，创建30 px × 30 px椭圆，如图2-113所示。选择文字“时”，并删除选中的部分，如图2-114所示。

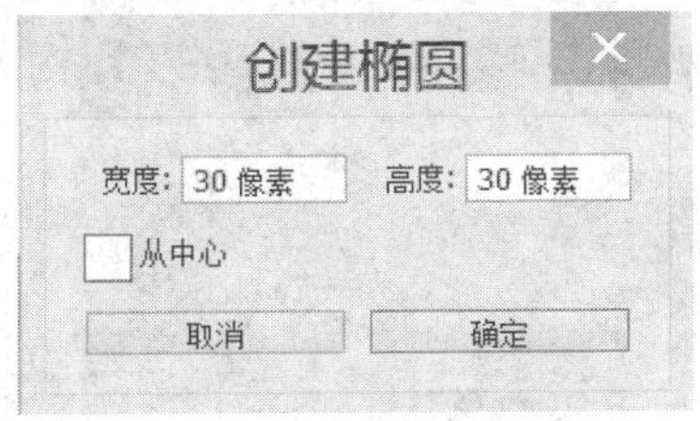

图2-113　创建椭圆

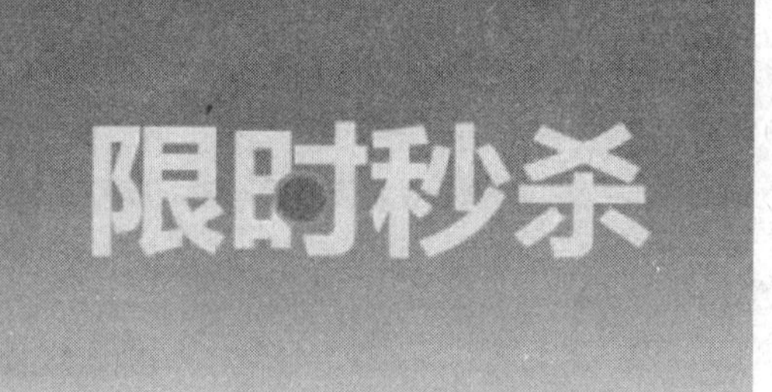

图 2-114 创建椭圆后效果图

(7) 选择工具箱中的“直线”工具，设置颜色为白色，粗线为 3，绘制整点、分针和时针，效果如图 2-115 所示。

图 2-115 绘制时钟效果图

(8) 对“杀”字进行编辑，删除不需要的部分。如图 2-116 所示

图 2-116 对“杀”字编辑后的效果图

(9) 用“钢笔”工具绘制路径并填充绿色，如图 2-117 所示。

图 2-117 填充路径效果图

(10) 打开图片素材，给商品配图，输入促销文字，调整位置大小，合并图层，得出最终效果图，如图 2-118 所示。

图 2-118　最终效果图

2.5.5　技能拓展

(1) 运用“渐变工具”、“画笔”、“钢笔”等工具，为型号为 ZX8-CP5S1 的神舟战神笔记本电脑制作一张 950 px × 400 px 大小的商品促销图，通过百度等搜索引擎自行查找合适素材，参考网站：maimaike.taobao.com，在制作促销图时要保留客户的需求点，让买家能看懂我们要表达的信息，要推送用户感兴趣的信息。参考案例效果如图 2-119 所示。

图 2-119　促销图参考案例

(2) 综合运用所学的知识和工具，设计一个秒杀广告图，参考效果如图 2-120 所示。

图 2-120　秒杀广告参考效果图

项目 3　网店网页设计综合实践

项目导入

在前一项目对网店网页设计进行了模块化的学习，掌握了各个任务的基础知识和基本操作，包括店标、店招、商品分类图、主图、详情图和促销图。那么，如何整合各个模块的学习成果，综合实践项目的案例学习是较快较好的选择。因此，在本项目中，从综合应用出发，提出综合实践案例，使读者掌握项目任务的整合方法。

在此，本项目安排了一个任务展开网店网页设计的综合案例实践，选择食品类网店作为设计主题。

项目任务

任务 3.1　食品类网店网页设计综合实践案例

任务 3.1　食品类网店网页设计综合实践案例

3.1.1　任务目标

本任务的学习目标如下：

(1) 认识食品类与其他类目网站的区别；

(2) 进行店标和店招设计；

(3) 进行促销图设计；

(4) 进行商品分类图设计；

(5) 进行商品详情页面设计；

(6) 将图片上传到网店，完成整体设计制作。

3.1.2　任务分析

在本任务中，首先进行网店定位及风格分析，网店的整合功能、内容及实现方式。在此基础上，进行网店店标、店招、促销图、详情页面的设计。

通过任务实践操作，能够设计出一个食品类的网店网页。

3.1.3 知识准备

1. 网店定位

网店定位是指明确一个网店主要针对哪些客户群体销售哪些产品。换言之，就是要明确客户群体和产品两大要素。网店定位明确后，网店就可以依据客户群体偏好和产品特点进行设计，能够将合适的产品最佳地展示给合适的客户群体。

比如一个经营绿色健康的营养粉食品类网店，其客户群体就是那些关注健康养生的50岁以上的城市中老年群体。产品的特点是绿色、营养、健康、易溶易消化、冲水即喝等，明确这样的定位后，网店设计应该文字要直白、大而端正、颜色清淡；产品展示绿色的来源、方便的食用过程、广泛的客户食用好评等。由此设计网店的店标、店招、产品分类、详情页和促销图。

当然，网店定位不仅仅是客户群体和产品定位，只不过这是影响网店设计的两大前提要素，除此之外，还涉及目标定位、价格定位、盈利定位、品牌定位、竞争力定位等。

2. 网店风格

网店风格是指网店页面展示给客户浏览时的直观整体感受。这种感受因人而异，因关注侧重点不同也有很大差别，比如网店意境、氛围、品格、品位、气质等直观表达。网店风格不是由设计者表达的，应该是客户表达的，并且直接关系到网店的交易，因此，设计者应该站在客户的角度去感受，尽可能设计出接近客户希望的风格。

不同的网店定位不同，网店风格也千差万别，有的简约流行，有的清爽自然，还有的自然精致，等等。但无论哪种风格，都是通过网店颜色及其搭配而表达的，因此，网店风格的基本构成要素是相同的，这些要素分别是主色、辐色和点缀色。不同网店采取了不同色彩及其搭配，就构成了千差万别的网店风格。

主色就是在网店页面中出现范围大，受客户瞩目的那部分色彩。网店的整体风格主要由主色决定的，一个网店页面的主色往往选择一种色彩。

辅色就是为使网店页面色彩丰富，使主色更加突出和显眼的色彩。辅色可以是一种色彩，也可以是多种色彩，一般选择 1～3 种辅色。辅色色彩过多反而显得色彩杂乱，主次难分，甚至影响主色的突出作用。在色彩选择上，可以选择与主色同类的色系，也可以选择与主色对比明显的色彩。

点缀色是网店页面中范围最小，但色彩鲜明、醒目，与其他颜色形成对比的那些颜色。点缀色主要是对页面起到画龙点睛的作用，主要用于页面中的推广文字色彩、小图标、客户操作按钮等。

3. 网店功能

开网店我们往往选择加入网店商城，因为网店商城不仅聚集了人气，还提供了完善的商务功能，特别是网店设计的功能，使得设计者不必过多关注技术层面。关于网店的页面设计，网店商城提供了基本的框架和结构，设计者在此基础上将设计的文字和图片在网店中编辑、发布。所以，对于网店设计者来说，网店主要提供了页面框架、结构及参数、发布和编辑的功能。

网店设计者主要是根据页面框架、结构及参数去设计合适的图片，然后将图片发布到相应的区域中，对于那些图片和文字的内容，还需要进行网络编辑，将页面排版得更加有序和美好。编辑中，有时还需要网页设计技术去实现，比如 html、css 等。

4. 网店内容

网店一般提供的页面包括网店首页、列表页、详情页和自定义页面，这些页面的相互链接组成了整个网店的框架。每一种类型的页面又包括相同部分和不同部分的结构。这些页面和每个页面结构中的文字和图片就是网店内容。

网店首页结构划分为店招、商品分类、促销区、商品列表区和自定义内容区。其中主要设计店招、商品分类图和促销图。当然，这些区域的内容都可以用文字展示，只不过文字展示往往不如图片展示更加引人瞩目，因此，往往通过设计漂亮的图片去展示网店。

网店列表页结构划分为店招、商品分类、商品全部列表区和自定义内容区。其中店招、商品分类和自定义内容区与首页是相同的，而商品全部列表区由网店根据设计者设置的参数自动展示。列表页主要用于客户分类查找商品，所以，网店设计者只需保持和网店首页风格一致即可，不需用过多精力去设计。

网店详情页结构划分为店招、图片缩览区、商品概要信息、商品详情和自定义内容区。其中店招和自定义内容区和首页可以是相同的，商品概要信息是由网店自动展示，图片缩览区和商品详情则是详情页设计的核心内容，也是整个网店设计的核心内容。每一个详情页对应着网店一件商品的展示，是客户全面了解商品的页面，也是客户决定下单的最主要入口页面。因此，网店设计者应该花最多的精力去设计详情页的图片缩览区的图和商品详情中的图及文字，其中图片缩览区中的第一张图又是主图，它将会展示在网店首页、列表页等商品列表展示区，还会展示在整个网店商城的商品列表、客户搜索列表中，由此可见，主图是图片缩览图的重中之重。

3.1.4　任务实践

实践　食品类网店网页设计

本实践做出如下效果，通过 Chrome 浏览器预览测试，如图 3-1 所示。

实现步骤的要点如下：

(1) 店标和店招设计。设计店标为 FOOD&美食小店，店招为简洁的全白背景，以及联系电话。

(2) 导航下采用横幅促销图设计，以吸引消费者购买。

(3) 商品分类图设计。左侧栏进行分类图设计，根据模板上传到淘宝。

(4) 主图及详情图设计。对每个商品的详情信息进行设计，设计商品主图，根据网店预设的模板，右侧插入设计好的商品主图。

Food & 美食小店
400-000000000
首页
美食之旅
关于我们
新闻动态
联系我们

坚果精选
为您开启美味盛宴
核桃仁| 开心果|花生仁|葡萄干|红枣

美食分类
新品热卖
坚果果干
薯片膨化
肉干海产
糖果巧克力
办公室零食
产品展示
四美肉脯靖江猪肉脯肉干
罐装蜜汁猪肉脯
牛肉干五香麻辣
美国盐焗开心果
澳洲夏威夷果奶油味
夏威夷果松子
新闻中心
成本上升麦丽素“缩水”?英...
互联网+”安全食品溯源服...
哪些啤酒谣言还在飞?权威专...
河南省食品农产品出口突破2...
科学家质疑无糖饮料的“健...
坚果有益健康！每日一口坚...

허니버터칩
在线客服
客服一
客服一
工作时间
周一至周五：8:30-17:30
联系方式
客服热线：400-000-0000
邮箱：contact@fkadjkhsf.co
关于我们

Food & Beverages零食店加盟品牌，经营零食只要分为六大类，包含：新品热卖，坚果果干，薯片膨化，糖果巧克力，肉干海产，办公室零食。公司以“做有品质的健康美食”为宗旨，坚持品质战略，本着“让产品更具优势，让服务更具品质”的经营理念。公司在上海，安徽，浙江等地建有产品的生产基地和研发团队，确保公司产品品质和新品的开发。公司还自行建有软包装印刷工厂，自行完成产品包装的设计与印刷。强大的营运中心和物流中心确保公司与各门店之间快速高效沟通，提供更专业有效的营运方案
@2018 某某食品有限公司 版权所有

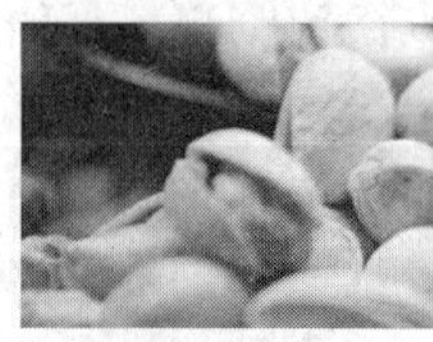

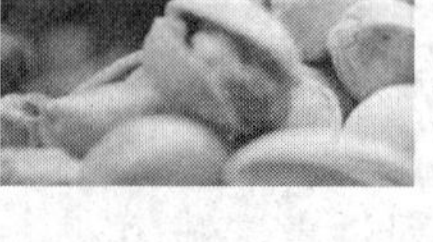

图 3-1 食品类网站案例

3.1.5　技能拓展

自行查找合适的食品素材，设计网店的店标、店招、主图、导航、详情页面，制作该类食品网站。参考案例效果如图 3-2 所示。

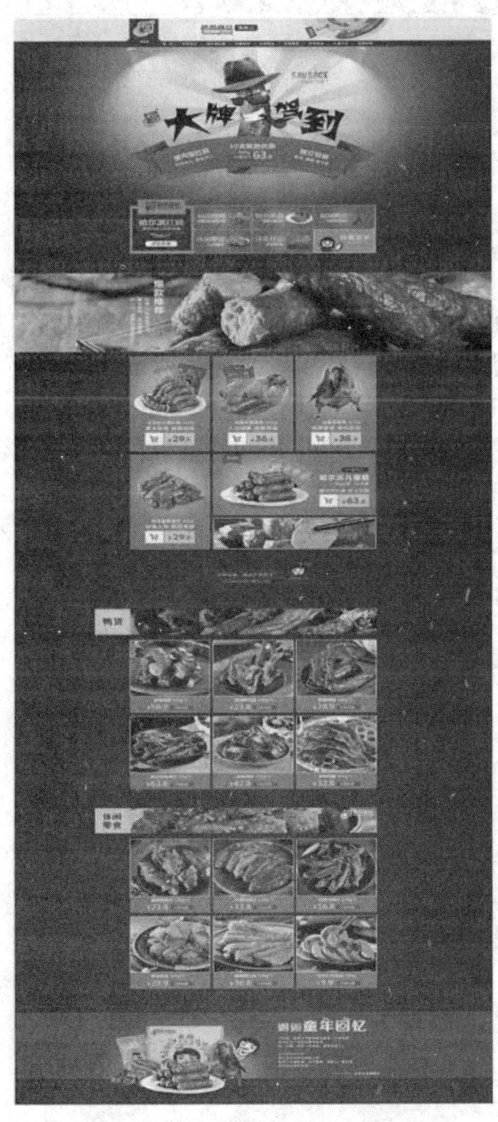

图 3-2　参考食品类网站案例

项目 4　商务网页实现技术——HTML5 + CSS3

项目导入

网店网页设计是基于网店平台搭建的页面框架下，按照平台提供的模块进行内容设计和发布，是侧重于商务经营信息的设计。而要解决网页框架如何搭建，网页模块如何创建，如何实现网页的结构、内容和呈现效果，从而能够通过浏览器浏览查看等问题，还需要掌握商务网页实现技术，利用网页设计技术实现商务网页的结构、内容和效果。实现商务网页的技术和工具很多，在本项目中，将会使用 Dreamweaver 工具，采用 HTML5 + CSS3 技术来实现。由此，需要了解 HTML5 + CSS3 的基本概念、基本元素和功能，掌握各个元素和功能的使用方法。

HTML5 + CSS3 的基本元素可以归类为盒子模型、超链接、列表、多媒体、表格、表单、定位和布局。由此，本项目安排了五个任务展开学习。

项目任务

任务 4.1　盒子模型
任务 4.2　超链接与列表
任务 4.3　多媒体
任务 4.4　表格与表单
任务 4.5　定位与布局

任务 4.1　盒子模型

4.1.1　任务目标

本任务的学习目标如下：

(1) 认识和了解 HTML5 和 CSS3；
(2) 了解 HTML5 基础元素和 CSS3 样式属性；
(3) 掌握盒子模型的基本结构和标签属性；
(4) 掌握盒子模型的实现方法；
(5) 能够使用盒子模型设计商务网页模块。

4.1.2　任务分析

在本任务中，首先分别介绍了 HTML5 和 CSS3，使读者认识和了解 HTML5 基础要素和 CSS3 样式属性，在此基础上介绍第一个基本元素——盒子模型。通过知识学习理解盒子模型的基本结构以及该基本结构对应的标签，从而掌握盒子模型的实现方法。

通过任务实践熟练掌握盒子模型的实现方法后，通过商务网页模块的设计实践，能够灵活使用盒子模型进行商务网页的模块实现。

4.1.3　知识准备

1. HTML5

HTML5 是下一代 HTML 标准，是 HTML 最新的修订版本，2014 年 10 月由万维网联盟(W3C)完成标准制定。因此，在了解 HTML5 前，先了解 HTML。

1) 了解 HTML

HTML(Hyper Text Markup Language)即超文本标记语言，是用来描述网页的一种语言。它区别于编程语言，严格来说 HTML 不是一种编程语言，而是一种标记语言。所谓的标记语言就是一套标记类标签的体系，而标签就是按照一定规则建立起来的符号和格式。可见，HTML 就是使用标记类标签来描述网页的。

一般情况下，我们把 HTML 标记标签简称为 HTML 标签或标签。HTML 标签就是由尖括号包围起来的一个关键词，比如<html>、<head>、<body>等。HTML 标签通常是成对出现的，称之为标签对，比如<p>和</p>。其中，标签对中的第一个标签称为开始标签，第二个标签称为结束标签，开始标签和结束标签的关键词相同，结束标签在关键词前多了一个斜杠“/”符号。有时候，开始和结束标签也被称为开放标签和闭合标签。HTML 标签中，大多数标签都是成对出现的，但也有少数标签是单个出现的，称之为单标签，如<img/>，直接在开始标签后面加上斜杠“/”作为标签结束标志。

由 HTML 和纯文本的集合就构成了 HTML 文档，也称之为网页。一般认为，HTML 文档就是用于描述网页的，以网页文件保存到计算机储存设备中。此外，HTML 文档由 Web 浏览器来读取，并以网页的形式显示出来。浏览器不会显示符合标准的 HTML 标签，而是通过解释标签来组织页面的结构和内容，从而呈现网页的预设效果。比如以下的 HTML 文档，其 HTML 标签和文本组成如下：

```
<html>
<body>
    <h1>这是网页的标题</h1>
    <p>这是网页的段落内容。</p>
</body>
</html>
```

用浏览器预览时，显示效果如图 4-1 所示。

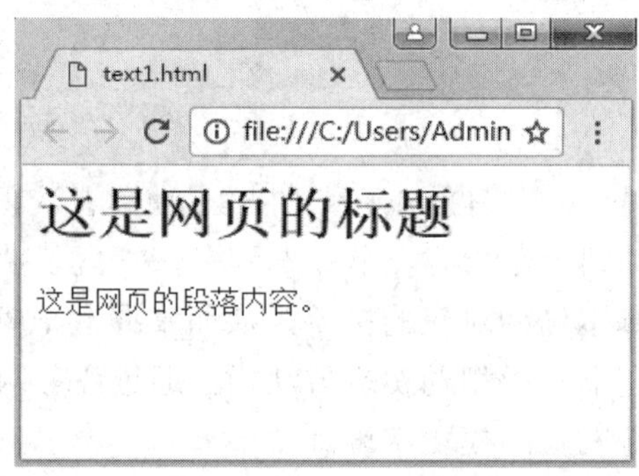

图 4-1 网页效果预览

2) **了解** HTML5

HTML5 是下一代的 HTML 标准，是建立在 HTML 标签基础上的新标准、新特性。换一种说法就是，HTML5 去掉了部分不再适用的 HTML 标签和属性，增加了一些满足网页新需求的新标签及其属性，以适应 Web 世界的新技术和新改变。

HTML5 建立的一些规则，包括新特性，也是基于 HTML、CSS、DOM 以及 JavaScript。不过，这些规则尽可能地减少了对外部插件的需求(比如 Flash 插件)，同时提供了更出色的错误处理以及更多取代脚本的标记，并且降低了对设备的依赖性，注重开发进程对公众透明等等。

此外，HTML5 中还新增了一些有用又有趣的新特性，比如：用于绘画的 canvas 元素、用于媒介回放的 video 和 audio 元素、对本地离线存储更好的支持技术、新的特殊内容元素(如 header、nav、section、article、footer)、新的表单控件(如 email、url、search、date、time、calendar)等。

在浏览器支持方面，最新版本的 Safari、Chrome、Firefox 以及 Opera 支持某些 HTML5 特性，Internet Explorer 9 支持某些 HTML5 特性，Internet Explorer 9 以上更高版本支持大多数的 HTML5 特性。为更好地开展实践，本书指定选择 Chrome 浏览器作为预览测试工具。

综上所述，HTML5 是建立在 HTML 基础上的描述网页的新标准，能够更好地适应于当前的互联网应用，是对 HTML 元素的增加、删除和重新定义的修订版。HTML5 添加了很多新元素及功能，比如图形的绘制、多媒体内容、更好的页面结构、更好的形式处理、API 拖放元素、定位、包括网页应用程序缓存、存储、网络工作者等等，也删除了一些标签元素，如<center>、<big>、<font>、<frame>等。

2. CSS3

CSS3 是目前最新的 CSS 标准。CSS 是用于控制网页的样式和布局的一种标准。与 HTML 类似，要了解 CSS3，也要从了解 CSS 开始。

CSS(Cascading Style Sheets)即层叠样式表，简称样式，用于定义 HTML 元素的显示效果。样式通常存储在样式表中，多个样式可以层叠为一，能够解决 HTML 元素内容与效果表现分离的问题。样式往往采用外部样式表，并存储在 CSS 文件中，这样可以极大地提高工作效率。目前，所有的主流浏览器均支持层叠样式表。

CSS 的出现解决了这样一个问题：HTML 标签原本被设计为用于定义网页文档内容，

比如通过使用<h1>、<p>、<table>这样的标签，其初衷是想表达“这是标题”、“这是段落”、“这是表格”之类的信息；同时文档布局由浏览器来完成，而不使用任何格式化标签。而实际应用中，为了表达更加丰富的网页内容，部分主要的浏览器不断地将新的HTML标签和属性添加到HTML规范中，比如字体标签和颜色属性等，在这种情况下，文档内容越来越复杂，使得想创建文档内容清晰且独立于文档表现层的站点变得越来越困难。为了解决这个问题，万维网联盟(W3C)提出了HTML标准化，即在HTML之外创造出样式，也就是CSS，用于文档表现。

CSS样式表定义了HTML元素的显示效果，与HTML的字体标签和颜色属性所起的作用是一样的。样式通常保存在外部文件中，其后缀名为.CSS，使得通过编辑一个简单的CSS文档，外部样式表就可以同时改变站点中所有页面的布局和外观，既便利又快速。由于允许CSS同时控制多重页面的样式和布局，CSS可以称得上Web设计领域的一个突破。网站开发者能够为每个HTML元素定义样式，并将之应用于任意多的页面中，如需进行全局的更新，只需修改CSS文档中的样式，然后网站中的所有元素均会自动地更新，从而极大地提高网页设计和网站开发的工作效率。

CSS样式表还允许以多种方式规定样式信息。样式既可以规定在单个的HTML元素中，也可以规定在HTML页的头元素中，还可以规定在一个外部的CSS文件中，甚至可以规定在同一个HTML文档内部引用多个外部样式表。这样就大大方便了在不同场景下使用CSS样式，方便样式的统一管理和维护。

CSS3是在CSS基础上的新标准，是CSS的升级版本，由W3C制定完成。CSS3将样式对象划分为模块，其中最重要的CSS3模块包括选择器、框模型、背景和边框、文本效果、2D/3D 转换、动画、多列布局、用户界面等。CSS3系列模式也是CSS演进的一个主要变化。并且，CSS3完全向后兼容，而浏览器通常都支持CSS，因此用户不必改变现有的设计，样式效果也能正常显示。

目前，对CSS3规范仍在进行开发。不过，主流浏览器已经实现了相当多的CSS3属性，使得网页的显示效果更加丰富。

综上所述，CSS3主要是在掌握CSS样式规则的基础上，增加了CSS3各个模块的样式规范，从而控制网页的样式和布局。

3. HTML5基础元素

通过对HTML5基础元素的概念和语法格式认识，我们可以定义简单的网页结构。

1) 基本概念

标记：包括起始标记“<”和结束标记“>”两个标记。

标签：所有标签都包含在“<”和“>”起止标记和结束标记中，如<html>、<body>、<h1>等标签。标签分为开始标签和结束标签，区别是结束标签在开始标签基础上多一个斜杠“/”，如开始标签“<html>”，其结束标签为“</html>”。

标签对：由开始标签与结束标签组成，如<body> </body>、<h1> </h1>等标签对。

单标签：直接在标签后面用斜杠“/”标记结束的标签叫做单标签，格式为“/>”，如<img />、
等单标签。

元素：元素指的是从开始标签到结束标签包含的所有代码，如<h1>这是一个标题

</h1>、<p>这是一个段落内容</p>等。

元素属性：为元素提供附加信息，用于表现元素的表现状态。属性总是在开始标签中定义，由属性名称及其对应的属性值组成。如超链接元素<a href="http://www.taobao.com">淘宝网</a>，在开始标签<a>中使用了href属性，用来指定超链接的地址。属性总是以“名称="值"”的形式出现，如属性“href="http://www.taobao.com"”，它的名称为 href，值为http://www.taobao.com。

2) HTML5 **元素**

HTML5 元素指的是从开始标签到结束标签包含的所有代码。开始标签和结束标签之间为元素内容。开始标签也常被称为开放标签，结束标签则被称为闭合标签，如表4-1所示。

表4-1 元素格式

开始标签	元素内容	结束标签
<h1>	这是一个标题	</h1>
<p>	这是一个段落	</p>
<a href="default.htm">	这是一个超链接	</a>

3) HTML5 **元素语法**

所有标签都包含在开始标记“<”和结束标记“>”中，构成一个元素。

所有的标签要求必须闭合，在标签前加斜杠“/”表示闭合，而对于没有成对的单标签，则以“/>”闭合。

所有的标签和元素都要求嵌套在根元素“<html> </html>”中，其中的子元素也必须是成对地嵌套在父元素中。

所有标签元素名称一般都使用小写字母，标签的属性值一般包含在引号内，包括单引号和双引号。

4) HTML5 **文档基本结构**

HTML 文档的最小基本结构如下：

```
<!doctype html>
<html>
<head>
    <meta charset="utf-8">
    <title>HTML 网页标题</title>
</head>
<body>
网页文字和图片等内容
</body>
</html>
```

其中，第一行“<!doctype html>”定义了文档的类型。

HTML5 增加新元素后，对文档的基本结构作了改进，如下：

```
<!doctype html>
<html>
<head>
    <meta charset="utf-8">
    <title>HTML5 网页标题</title>
</head>
<body>
    <header>这是网页的主体头部内容</header>
    <nav>这是网页的导航链接部分的内容</nav>
    <article>这是网页中独立的一个区域内容</article>
    <section>这是网页中的一个区段内容</section>
    <aside>这是网页中的侧边栏内容</aside>
    <footer>这是网页中的主体页脚内容</footer>
</body>
</html>
```

改进后的 HTML5 对文档主体部分用新元素划分为各个模块。接下来认识基本结构中的主要元素。

5) <html>**元素**

<html>元素定义了整个 HTML 文档。该元素拥有一个开始标签<html>，以及一个结束标签</html>。而其他元素都是嵌套在<html></html>之间。比如：

```
<html>
<body>
    <h1>这是一个标题</h1>
</body>
</html>
```

其中，<body></body>和<h1></h1>都被包含在<html></html>之间。

6) <head>**元素**

<head>元素是所有文档头部元素的容器。<head>内的元素可包含标题标签，显示文档标题栏内容，还可以包含脚本，指示浏览器在何处可以找到样式表或脚本文档，也可以提供元信息，等等。

以下标签都可以添加到<head>元素内，包括<title>、<link>、<base>、<meta>、<script>以及<style>，作用如下：

<title>标签定义文档的标题，其内容显示在浏览器的标题栏。

<link>标签定义文档与外部资源之间的关系。常见的是链入外部样式文档。

<base>标签为页面上的所有链接规定默认地址或默认目标。

<meta>标签提供关于 HTML 文档的元数据。

<script>标签用于定义客户端脚本，也可以链接外部脚本文档。

<style>标签用于为文档定义样式。

7) <body>**元素**

<body>元素定义 HTML 文档的主体部分，是网页预览时显示在浏览器主体区域的那部分内容。这个元素拥有一个开始标签<body>以及一个结束标签</body>。网页显示内容的元素都被嵌套在<body></body>之间。比如：

```
<html>
<head>
    <title>body 元素</title>
</head>
<body>
    <h1>这是一个标题</h1>
    <p>这是一个段落</p>
</body>
</html>
```

用浏览器预览时网页中显示标题文字“这是一个标题”和段落文字“这是一个段落”。

8) **标题元素**

在 HTML 文档中，标题是常用的元素之一，也是很重要的元素之一。标题是通过<h1>、<h2>、<h3>、<h4>、<h5>和<h6>标签进行定义的。其中，<h1>定义最大的标题，<h6>定义最小的标题。比如：

```
<h1>这是 h1 标题</h1>
<h2>这是 h2 标题</h2>
<h3>这是 h3 标题</h3>
<h4>这是 h4 标题</h4>
<h5>这是 h5 标题</h5>
<h6>这是 h6 标题</h6>
```

需要提出的是，在网页设计中，标题元素只用于标题，不仅仅是为了显示粗体或大号的文本，还有另外一个重要原因，由于搜索引擎使用标题为网页的结构和内容编制索引，用户也可以通过标题来快速浏览网页，由此可见，用标题来呈现文档结构有利于搜索引擎收录网页，还利用用户浏览。因此，它是一个很重要的元素。一般情况下，将 h1 用作主标题(最重要的)，其后是 h2(次重要的)，再其次是 h3，以此类推直至 h6。

9) **段落元素**

段落元素可以把文档内容分割为若干段落。段落是通过<p>标签定义的。比如：

```
<p>这是第一个段落</p>
<p>这是第二个段落</p>
<p>这是第三个段落</p>
```

10) **超链接元素**

通过超链接元素，可以建立网页内部以及网页文件之间的关联。超链接是使用<a>标签进行定义。比如：

```
<a href="http://www.taobao.com">淘宝网</a>
```

其中，href 属性中的值指定了超链接的地址，浏览者通过单击“淘宝网”打开淘宝网站的首页。关于超链接的更多知识在后续相关任务中详细学习。

11) 图像元素

使用图像元素，使得在网页文档中显示图像。图像元素由<img>标签进行定义。<img>是单标签，意思是说，它只包含属性，没有闭合标签，为了表示闭合，要在结束标记前加斜杠“/”。要在页面上显示图像，需要使用元素的源属性 src，源属性 src 的值就是图像的 URL 地址。比如：

```
<img src="https://www.baidu.com/img/bd_logo1.png" />
```

这段代码使用浏览器预览时，会显示百度的 logo 图片。

4. CSS3 样式属性

掌握 CSS3 样式规则，可以定义网页的表现风格和布局，呈现丰富的网页效果。

1) CSS3 样式规则

CSS3 样式规则与 CSS 样式规则相同，由两个主要的部分构成，分别是选择器以及一条或多条声明。选择器通常是需要改变样式的 HTML 元素或者该元素的 id 名称或类名称。每条声明由一个属性及其对应的值组成，每个属性都有对应的值，值可以是一个或多个，属性和值被冒号分开，多条声明用分号分开，全部声明放在大括号内。其格式为：

```
选择器{属性 1:值 1；属性 2:值 2；属性 3:值 3；…；}
```

比如：

```
h1 {color:#ff0000; font-size:14px;}
```

这段代码的结构分析如图 4-2 所示。

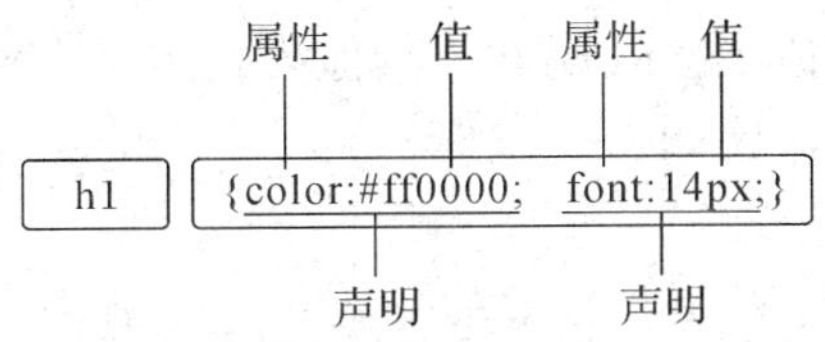

图 4-2　样式规则结构

该段代码表示，在网页中，h1 元素内的文字显示为红色，文本大小为 14 px。

2) CSS3 的书写方法

网页文档中书写样式表的方法有三种：

第一，外部样式表。当样式需要应用于很多页面时，外部样式表将是最理想的选择。在使用外部样式表的情况下，可以通过改变一个文件来改变整个站点网页的外观。每个页面使用<link>标签链入样式表文档。<link>标签放在网页文档的头部，比如：

```
<head>
    <link href="mystyle.css" rel="stylesheet" type="text/css" />
</head>
```

预览时，浏览器将从文件 mystyle.css 中读取样式声明，并根据它来格式化文档，而这些样式声明都写在 mystyle.css 中。

第二，内部样式表。当单个文档需要额外或特殊的样式时，就应该使用内部样式表。

一般使用<style>标签在文档头部定义内部样式表，比如：

```
<head>
<style type="text/css">
    h1 {color: #ff0000;}
    p {margin-left: 20px;}
</style>
</head>
```

第三，内联样式。一般是当样式只需要在一个元素上应用一次时使用的。由于要将表现和内容混杂在一起，内联样式会损失掉样式表的许多优势，一般慎用这种方法，且尽可能避免使用这种方法。使用内联样式的方法是在相关的元素内使用 style 属性，其值可以包含任何 CSS 声明。比如：

```
<p style="color: #ff0000; font-size:18px;">
    这是一个段落
</p>
```

3) CSS3 的样式优先级

样式优先级遵循就近原则，一般情况下，优先级为：内联样式>内部样式>外部样式>浏览器默认样式。

4) CSS3 常用选择器

第一，元素选择器。直接使用元素名称作为选择器名称，其格式为：元素名称{属性:属性值;}，比如：

```
p{color:#ff0000;}
```

第二，id 选择器。元素中设置 id 属性，其值为自定义，然后在 CSS 样式中使用“#”进行标识，紧跟着是 id 的值，比如：

```
#nav{color:#ff0000;}
```

其中，nav 为自定义的 id 属性值。

第三，class(类)选择器。元素中设置 class 属性，其值为自定义，在 CSS 样式中使用“.”进行标识，紧跟着是 class 的值，比如：

```
.nav{color:#ff0000;}
```

其中，nav 为自定义的 class 属性值。

第四，混合选择器。由上述的两个或多个选择器组成，分为交集混合选择器、包含混合选择器和并集混合选择器，分别定义或限制了样式有效的选择器范围，从而定义样式丰富的网页表现效果。

5) 常用 CSS3 样式属性

常用的 CSS3 样式属性很多，可以分类为 CSS3 边框、圆角、背景、渐变、文本效果、字体、2D 转换、3D 转换、过渡、动画、多列、图片、按钮、分页等，在此不再一一详述，将在后续任务和实践中用到时再做介绍。

5. 盒子模型

盒子模型就是一个有宽度和高度的矩形区块。HTML 页面中的元素都可以看作是一个矩形区块的盒子，除了使用<h1>、<p>等表示标题和段落的盒子之外，常常使用<div>标签自定义盒子。盒子模型可以看做是一个块状的容器，其结构如图 4-3 所示。

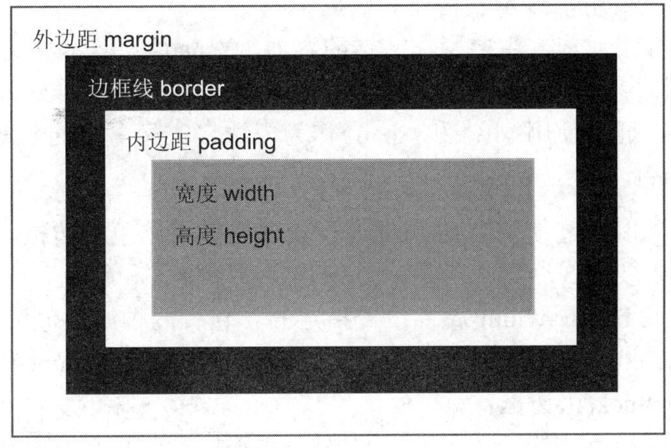

图 4-3　盒子模型

盒子模型由四个部分组成，通过盒子的属性定义其组成结构，详细如下：

第一，盒子内部所占区域，其属性为：宽度 width 和高度 height。

第二，盒子内的填充物，其属性为：内边距 padding。

第三，盒子边框，其属性为：边框线 border。

第四，盒子外部与其他盒子之间的距离，其属性为：外边距 margin。

由此可见，盒子实际所占位置尺寸的计算方式如下：

盒子宽度 = 左右外边距 margin + 左右边框 border + 左右内边距 padding
+ 盒子内部宽度 width

盒子高度 = 上下外边距 margin + 上下边框 border + 上下内边距 padding
+ 盒子内部高度 height。

然而，在 CSS3 标准中，对盒子模型增加了一个 box-sizing 属性，它可以设置盒子的 width 和 height 属性中包含 padding(内边距)和 border(边框)。也就是说，在元素上设置了 box-sizing 的属性值为 border-box，则 padding(内边距)和 border(边框))也包含在 width 和 height 中，这样可以方便地计算和设置盒子的尺寸。

6. 盒子的元素

如上所述，HTML 元素都可以看作是一个盒子，盒子排列可以分为自上而下的块排列和从左到右的行排列。根据这种排列方式，大多数 HTML 元素被定义为块级元素或行级元素(也称内联元素)。在浏览器显示时，块级元素通常会以新行来开始和结束，多个块级元素自上而下排列，如<h1>、<p>、<ul>、<table>、<div>等；行级元素显示时通常不以新行开始，而是同一行内显示，直到同一行内空间不足时，才换下一行，多个行级元素自左到右排列，如<b>、<td>、<a>、<img>、<span>等。常用的盒子元素是<div> 和<span>。

<div>元素是块级元素，它是可用于组合其他 HTML 元素的容器。<div>元素没有特定的含义，主要用于表达盒子模型。由于它属于块级元素，浏览器会在其前后换行显示，但如果与 CSS 一同使用，则<div>元素可用于对各种内容块设置样式属性，从而显示丰富的

网页区域效果。<div>元素的另一个常见的用途是文档布局，它取代了以前使用表格定义布局的方法。值得说明的是，当前使用<table>元素进行文档布局已不是表格的正确用法，<table>元素的作用主要用于显示表格化的数据。

<span>元素是行级元素，主要用作文本的容器。<span>元素本身也没有特定的含义，当与 CSS 一同使用时，<span>元素可用于为部分文本设置特定的样式属性。

综上所述可见，通常使用<div>和<span>作为表达自定义盒子的元素。

7. 盒子边框属性

盒子边框属性可以通过使用 CSS 边框属性创建出效果出色的边框，并且可以应用于任何元素。每个边框主要有 3 个方面的值，分别是宽度、样式和颜色。

边框宽度是通过 border-width 属性设置指定的。它有两种属性值：指定宽度的具体数值，比如 2 px 或 0.1 em；或者使用 3 个关键字之一，它们分别是 thin(细边框)、medium(正常边框，默认值)和 thick(粗边框)。

边框样式是边框最重要的一个属性，如果没有样式，就没有边框。CSS 的 border-style 属性定义了多种不同的样式，其属性值包括 solid(实线)、dashed(虚线)、dotted(点线)、double(双重实线)等，还有一个属性值 none，表示无边框。border-style 的默认值正是 none，也就是说如果没有设置 border-style，就相当于 border-style: none。由此可见，如果边框需要出现，就必须设置一个边框样式。

边框颜色通过 border-color 属性设置指定。该属性一次可以接受最多 4 个颜色值。当然，可以使用任何类型的颜色值，包括命名颜色、十六进制颜色值和 RGB 值。

此外，使用 CSS3，还能够设置圆角边框，向盒子方框添加阴影，使用图片来绘制边框，它们的边框属性分别是 border-radius(圆角边框)、box-shadow(阴影)和 border-image(图片边框)。

border-radius 属性用于设置盒子边框的圆角效果，其值为像素值。比如，向 div 元素添加圆角，其 CSS3 代码如下：

```
div
{
    border:2px solid;
    border-radius:25px;
}
```

box-shadow 属性用于设置盒子方框的阴影，其值为阴影偏移像素值和阴影颜色。比如，向 div 元素添加阴影，其 CSS3 代码如下：

```
div
{
    box-shadow: 10px 10px 5px #cccccc;
}
```

border-image 属性用于设置使用图片创建边框，其值为图片路径、向内偏移值和平铺方式。比如，使用图片设置围绕 div 元素的边框，其 CSS3 代码如下：

```
div
```

```
{
    border-image: url(border-ico.gif) 30 30 round;
}
```

值得指出的是，Internet Explorer 9 及以上版本浏览器支持 border-radius 和 box-shadow 属性，Firefox、Chrome 以及 Safari 浏览器支持所有新的边框属性。

8. 盒子内边距

根据盒子的结构，内边距在边框和内容区之间，是元素各边框与内容之间的空白区域，用 padding 属性来定义。padding 属性值可以是尺寸值或百分比值，不允许使用负数值。

比如，定义 div 元素的各边都有 10 像素的内边距，其代码如下：

```
div {padding: 10px;}
```

当然，还可以按照上、右、下、左的顺序分别设置各边的内边距，各边均可以使用不同的尺寸值或百分比值。比如以下代码，定义了 div 元素的上、右、下、左的内边距分别是 10 px、0.2 em、2 ex 和 10%。

```
div {padding: 10px 0.2em 2ex 10%;}
```

实际上，还可以通过使用各内边距单独的属性，分别设置上、右、下、左的内边距，其属性分别是 padding-top(上内边距)、padding-right(右内边距)、padding-bottom(下内边距)和 padding-left(左内边距)。

9. 盒子外边距

外边距是围绕在盒子边框外的空白区域。当设置了盒子元素的外边距时，就会在盒子元素外创建额外的空白区。外边距使用 margin 属性来定义，其值可以是任何尺寸值、百分比值，特别的是，还可以是负数值，而内边距 padding 是不接受负数值的。此外，还可以设置为 auto，其外边距由浏览器自动平均分配外边距。实际设置中，常见的做法是为外边距设置尺寸值。

比如，定义 div 元素的各边都有 10 像素的外边距，其代码如下：

```
div {margin: 10px;}
```

当然，也可以按照上、右、下、左的顺序分别设置各边不同的外边距，各边均可以使用不同的尺寸值、百分比值或负数值。比如以下代码，定义了 div 元素的上、右、下、左的外边距分别是 10 px、5 px、15 px 和 20 px。

```
div {margin : 10px 5px 15px 20px;}
```

其实，还可以通过使用各外边距单独的属性，分别设置上、右、下、左的外边距，其属性分别是 margin-top(上外边距)、margin-right(右外边距)、margin-bottom(下外边距)和 margin-left(左外边距)。

10. 盒子背景

盒子背景指的是盒子结构中内容区域的背景，可以是颜色背景或图像背景。背景使用 background 属性来定义，其值可以是颜色值或图像路径。其中，也可以使用 background-color 属性专门为盒子元素设置颜色背景，其默认值为 transparent，表示透明背景；而专门使用 background-image 属性为盒子元素设置图像背景，background-image 属性的默认值是 none，表示背景上没有放置任何图像。

比如，设置 div 元素的背景颜色为灰色，有两种写法，其代码分别如下：

```
div {background-color: gray;}
```

或者

```
div {background-color: #808080;}
```

又比如，设置 div 元素的背景为图像，其代码如下：

```
div {background-image: url(bg.gif);}
```

我们也可以直接用 background 属性来定义。比如上述的设置 div 元素背景颜色为灰色，其代码如下：

```
div {background: gray;}
```

或者

```
div {background: #808080;}
```

而设置 div 元素的背景为图像，其代码如下：

```
div {background: url(bg.gif);}
```

此外，如果需要在元素上对背景图像进行平铺，可以使用 background-repeat 属性，其属性值 repeat-x 和 repeat-y 分别使得背景图像只在水平或垂直方向上重复，属性值 no-repeat 则不允许图像在任何方向上平铺，只显示独立的图像。

除了以上常用的设置，在 CSS3 规则中，增加了多个新的背景属性，包括 background-size 属性和 background-origin 属性，它们提供了对背景更强大的控制功能。

首先，background-size 属性规定了背景图片的尺寸，允许我们在不同的环境中重复使用背景图片，比如：

```
div{ background:url(bg.gif); background-size:40px 100px;}
```

其次，background-origin 属性规定了背景图片的定位区域，其值包括 content-box、padding-box 或 border-box，也就是说背景图片可以放置于 content-box、padding-box 或 border-box 区域，比如：

```
div{background:url(bg.gif); background-origin:content-box;}
```

CSS3 还允许为元素使用多个背景图像。比如，为 div 元素设置两幅背景图片，其代码如下：

```
div{ background-image: url(bg1.gif), url(bg2.gif);}
```

11. 盒子 2D 转换

CSS3 中提供了元素 2D 转换效果。通过转换可以对元素进行移动、缩放、转动、拉长或拉伸，其效果是让元素改变形状、大小和位置。实现 2D 转换是通过设置盒子的 transform 属性，其属性值包括多种方法，详细包括如下：

matrix(n,n,n,n,n,n) ：定义 2D 转换，使用六个值的矩阵。

translate(x,y)：定义 2D 转换，沿着 X 和 Y 轴移动元素。

translateX(n)：定义 2D 转换，沿着 X 轴移动元素。

translateY(n)：定义 2D 转换，沿着 Y 轴移动元素。

scale(x,y)：定义 2D 缩放转换，改变元素的宽度和高度。

scaleX(n)：定义 2D 缩放转换，改变元素的宽度。

scaleY(n)：定义 2D 缩放转换，改变元素的高度。

rotate(angle)：定义 2D 旋转，在参数中规定角度，角度单位是 deg。

skew(x-angle,y-angle)：定义 2D 倾斜转换，沿着 X 和 Y 轴。

skewX(angle)：定义 2D 倾斜转换，沿着 X 轴。

skewY(angle)：定义 2D 倾斜转换，沿着 Y 轴。

比如，对盒子设置角度为 10 度的旋转，其 CSS3 样式代码如下：

```
div{ transform:rorate(10deg);}
```

12. 盒子溢出

当盒子中的内容太大或太多，以至于无法适应指定宽高度的盒子区域时，可以通过设置 overflow 属性来定义溢出盒子元素内容区的处理方式，其值包括 hidden、scroll 和 auto，具体表现效果如下：

hidden：表示溢出内容被隐藏。

scroll：表示内容会被修剪，产生滚动条。

auto：表示如果内容被修剪，则产生滚动条。

此外，还可以使用 text-overflow 属性专门定义元素中文本溢出的处理方式，其值包括 clip 和 ellipsis，具体表现如下：

clip：表示当文本溢出时，作简单的裁剪，即直接去掉多出的文本，去掉后不显示省略号(…)。

ellipsis：表示当文本溢出时，在文本后增加显示省略号(…)。

4.1.4　任务实践

实践 1　单个水果宝贝展示

本实践做出如下效果，通过 Chrome 浏览器预览测试，如图 4-4 所示。

图 4-4　单个水果宝贝效果

具体实现步骤如下：

(1) 新建 HTML5 文档，保存为“page4-1-1.html”。

打开网页设计软件 Dreamweaver CC 版本，选择菜单“新建”，弹出新建文档对话框，选择“空白页”，页面类型为“HTML”，布局为“无”，文档类型为 HTML5，如图 4-5 所示。

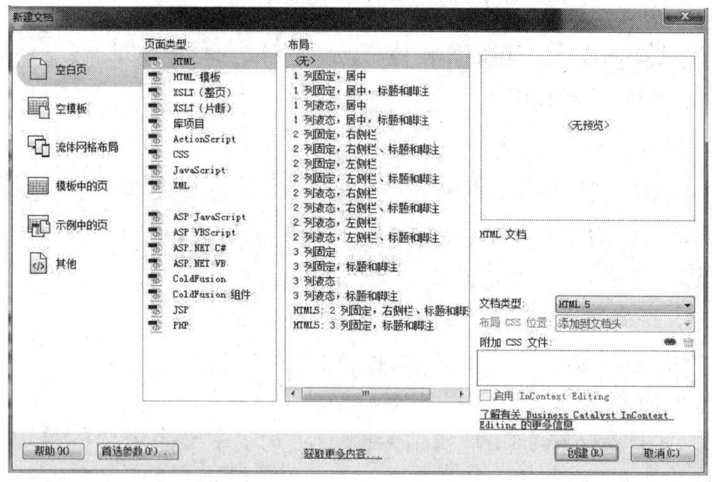

图 4-5 新建 HTML5 文档

然后点击“创建”按钮，创建一个空白的 HTML5 文档。接下来，通过菜单“文件”的“另存为”将刚才创建的文档保存，命名为“page4-1-1.html”，如图 4-6 所示。

图 4-6 保存 HTML5 文档

值得提醒的是，建议把本项目所有的文档和图片等文件都保存在同一个目录下，如保存在目录“chapter04”下。

(2) 新建 CSS3 样式文件，保存为“css4-1-1.css”。

在 Dreamweaver 界面上，选择菜单“新建”，弹出新建文档对话框，选择“空白页”，页面类型为“CSS”，如图 4-7 所示。

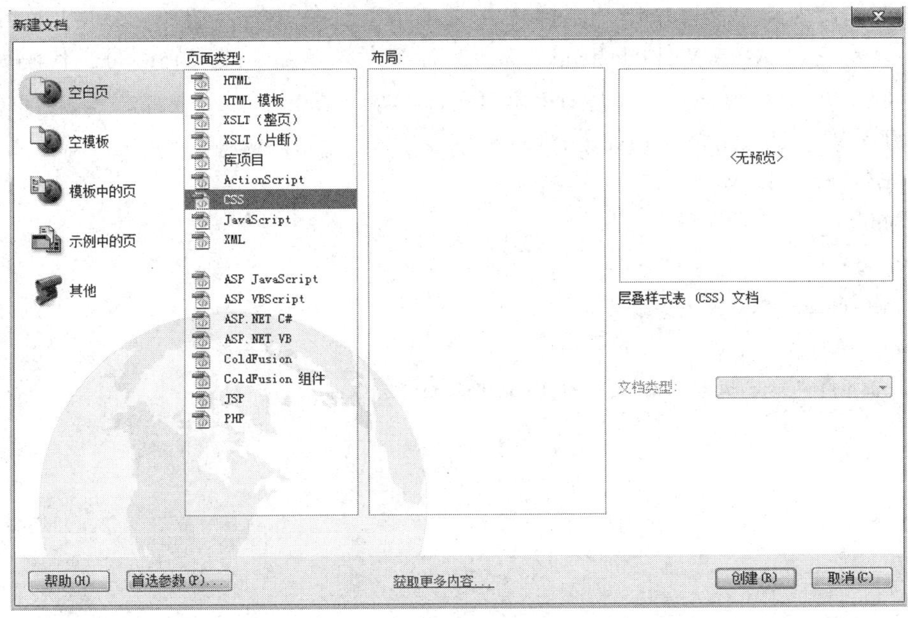

图 4-7　新建 CSS3 文件

然后点击“创建”按钮，创建一个空白的 CSS 文档。接下来，通过菜单“文件”的“另存为”将刚才创建的文档保存，命名为“css4-1-1.css”，保存到 css 目录中，如图 4-8 所示。

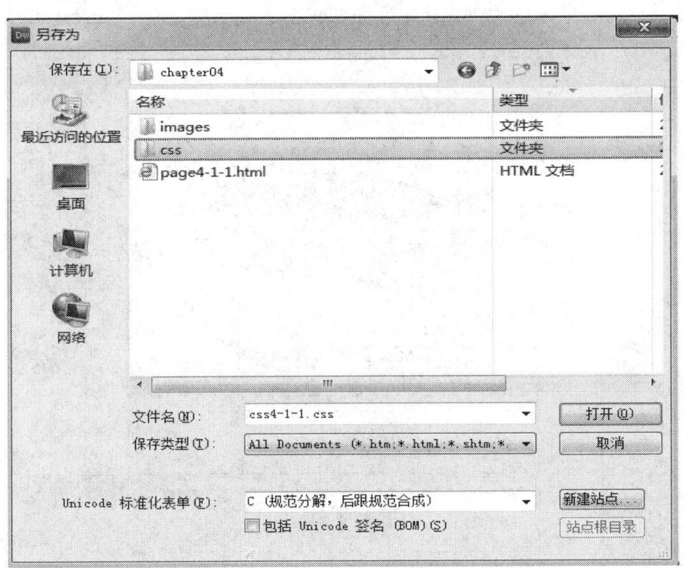

图 4-8　保存 CSS3 文件

至此就创建了显示网页结构和内容的 HTML5 文件和显示网页样式的 CSS 文件。CSS 文件创建中是不区分 CSS2 和 CSS3 版本类型的，在 CSS 文件中按照 CSS3 样式规则书写样式，它就是 CSS3 文件。

(3) 建立 HTML5 和 CSS3 的文件关联。

前面步骤创建了相互独立的 HTML5 文件和 CSS 文件，要使 CSS 样式规则作用于

HTML5，需要在 HTML5 文件中建立起关联。由于这里的 CSS 文件相对于 HTML5 文件来说是外部文件，因此，这里采用外部样式表与 HTML 文件关联，切换 page4-1-1.html 为代码视图，只需在 HTML5 文件的<head></head>标签之间增加一段代码即可。代码如下：

```
<link href="css/css4-1-1.css" rel="stylesheet" type="text/css" />
```

HTML5 文件中的完整代码如下：

```
<!DOCTYPE HTML>
<html>
<head>
<meta charset="utf-8">
<title>单个水果宝贝展示</title>
<link href="css/css4-1-1.css" rel="stylesheet" type="text/css" />
</head>

<body>
</body>
</html>
```

(4) 使用 HTML5 标签设计页面结构。

根据效果图，页面结构可以这么分析：所有标签和内容都在一个盒子里，盒子用<div>标签定义，盒子里面的图片由<img/>标签定义，第一行文字可以用标题标签定义，在这里用<h3>，第二行说明文字用<p>标签定义，价格用<span>定义。结构分析如图 4-9 所示。

图 4-9 单个宝贝展示页面结构分析

根据分析结果，在<body></body>之间添加标签和内容，代码如下：

```
<body>
    <div>
```

```
        <img src="images/pro001.png" >
        <h2>美国进口脐橙</h2>
        <p>超甜多汁 5 斤</p>
        <span>￥89.00</span>
    </div>
</body>
```

切换到设计视图，其显示效果如图 4-10 所示。

图 4-10　单个宝贝展示结构效果预览

(5) 使用 CSS3 设置样式。

在 CSS 文件中输入样式规则，分别以 div、h2、p、span 作为选择器名称，设置它们各自包含的属性和属性值，从而实现样式效果。代码和解释如下：

```
div{
    width:200px;          /*设置 div 盒子的宽度*/
    height:250px;         /*设置 div 盒子的高度*/
    border:1px solid #cccccc;  /*设置 div 盒子的边框为 solid 实线，1px 宽度，颜色值为#cccccc*/
    padding:8px;          /*设置 div 盒子的内边距为 8px*/
    text-align:center;          /*设置 div 盒子的内容居中对齐*/
}
h3{
    color:#666666;/*设置标题 h3 里面的文字颜色值为#666666*/
}
p{
    color:#999999;/*设置段落 p 里面的文字颜色值为#999999*/
}
span{
    color:#ff0000; /*设置 span 里面的文字颜色值为#ff0000*/
}
```

(6) 保存后，在 Chrome 浏览器中预览，效果如图 4-11 所示。

图 4-11 单个水果宝贝实践效果展示

本网页的全部 HTML5 代码如下：

```
<!DOCTYPE HTML>
<html>
<head>
<meta charset="utf-8">
<title>单个水果宝贝展示</title>
<link href="css/css4-1-1.css" rel="stylesheet" type="text/css" />
</head>

<body>
      <div>
          <img src="images/pro001.png" width="140" height="96">
          <h3>美国进口脐橙</h3>
          <p>超甜多汁 5 斤</p>
          <span>￥89.00</span>
      </div>
</body>
</html>
```

本网页的全部 CSS3 代码如下：

```
@charset "utf-8";
/* CSS Document */

div{
    width:200px;
    height:250px;
```

```
        border:1px solid #cccccc;
        padding:8px;
        text-align:center;
    }
    h3{
        color:#666666;
    }
    p{
        color:#999999;
    }
    span{
        color:#FF0000;
    }
```

实践 2　新品推广展示

本实践做出如下效果，通过 Chrome 浏览器预览测试，如图 4-12 所示。

图 4-12　新品推广效果

具体实现步骤如下：

(1) 新建 HTML5 文档，保存为“page4-1-2.html”。按照实践 1 的方法，将 HTML5 文档保存在目录“chapter04”下。

(2) 新建 CSS3 样式文件，保存为“css4-1-2.css”。按照实践 1 的方法，将 CSS3 文档保存在 “chapter04”的“css”目录下。

(3) 建立 HTML5 和 CSS3 的文件关联。在 page4-1-2.html 的<head></head>标签之间增加关联代码，如下：

```
<link href="css/css4-1-2.css" rel="stylesheet" type="text/css" />
```

(4) 使用 HTML5 标签设计页面结构。

根据效果图，对页面结构作如下分析：所有标签和内容都在一个盒子里，盒子用<div>标签定义，盒子里面的图片所在的圆形再用<div>标签定义，图片由<img/>标签定义；第一行文字可以用标题标签定义，在这里用<h3>；第二行说明文字和第三行价格文字都用<p>标签定义；第四行文字由于有圆角矩形底色块，所以用<div>标签定义，这样可以通过定义该<div>样式以实现底色效果；第五行文字用<span>定义。结构分析如图 4-13 所示。

图 4-13　新品推广页面结构分析

根据分析结果，在<body></body>之间添加标签和内容，代码如下：

```
<div>
    <div>
        <img src="images/pro002.png">
    </div>
        <h3>混合果泥新上市</h3>
        <p>适合 24 周以上宝宝</p>
        <p>￥40.00/箱/10 包</p>
        <div>立即团></div>
        <span>已售 1265</span>
</div>
```

(5) 使用 CSS3 设置样式。

第一，设置通用样式。该样式对所有标签元素均有效。代码如下：

```
*{
    margin:0;           /*设置所有元素的外边距*/
    padding:5px;        /*设置所有元素的内边距*/
}
```

* 号表示任意的标签元素。

第二，设置最外面盒子<div>的样式，由于这里的<div>标签有三个，并且三个的样式都不一样，所以在此不能使用 div 作为样式选择器的名称，而应该使用 id 选择器或 class 类选择器名称，在这里使用 class 类选择名称，即在自定义选择器命名前加上符号“.”。我们把这里的三个<div>标签分别使用类选择器，名称依次为 .box、.subbox、.bt。那么，定义 .box 样式代码如下：

```
.box{
    width:170px;                /*设置 div 盒子的宽度*/
    height:300px;               /*设置 div 盒子的高度*/
    margin:10px;                /*设置 div 盒子的宽度外边距*/
    border:1px solid #cccccc;   /*设置 div 盒子的边框*/
    padding:20px;               /*设置 div 盒子的内边距*/
    text-align:center;          /*设置 div 盒子内的对象居中对齐*/
    border-radius:10px;         /*设置 div 盒子的圆角*/
    background:#ececec;         /*设置 div 盒子的背景*/
}
```

第三，图片所在的盒子用类选择器名称为 .subbox，该样式代码如下：

```
.subbox{
    width:150px;                /*设置 div 盒子的宽度*/
    height:150px;               /*设置 div 盒子的高度*/
    padding:8px;                /*设置 div 盒子的内边距*/
    border:1px solid #cccccc;   /*设置 div 盒子的边框*/
    border-radius:150px;        /*设置 div 盒子的圆角*/
    background:#ffffff;         /*设置 div 盒子的背景*/
}
```

第四，第三个<div>标签用类选择器名称为 .bt，该样式代码如下：

```
.bt{
    width:80px;                 /*设置 div 盒子的宽度*/
    border-radius:5px;          /*设置 div 盒子的圆角*/
    background:#ff3300;         /*设置 div 盒子的背景*/
    color:#ffffff;              /*设置 div 盒子内文本的颜色*/
    margin:auto;                /*设置 div 盒子的外边距自动使盒子居中*/
}
```

第五，设置 h3 标签的样式，代码如下：

```
h3{
    color:#666666;      /*设置标题的文本颜色*/
}
```

第六，这里有两个<p>标签，并且显示样式不同，设置样式时至少其中一个需要设置选择器名称，我们将第二个<p>的选择器名称设置为 .price，定义 .price 样式代码如下：

```
.price{
    color:#ff0000;              /*设置盒子内的文本颜色*/
}
```

第七，第一个<p>标签和<span>标签显示的样式是相同的，在设置样式时可以写到一起，此时只需要将多个选择器名称用逗号隔开即可。代码如下：

```
p,span{
    color:#999999;              /*同时设置 p 和 span 的文本颜色*/
}
```

至此，样式设置完毕。

(6) 给 HTML5 标签赋予 CSS3 样式名称。

在 HTML5 文档中，设置标签的 class 属性，使 class 的值对应于 CSS 样式中的类选择器，如果使用的是标签选择器，则不用设置。具体代码如下：

```
<div class="box">
    <div class="subbox">
        <img src="images/pro002.png">
        </div>
        <h3>混合果泥新上市</h3>
        <p>适合 24 周以上宝宝</p>
        <p class="price">￥40.00/箱/10 包</p>
        <div class="bt">立即团></div>
        <span>已售 1265</span>
</div>
```

以上灰色底色部分就是赋予标签 class 属性和值，使该标签使用该值对应的样式。

(7) 保存后，在 Chrome 浏览器中预览，效果如图 4-14 所示。

图 4-14　新品推广实践效果展示

本网页的全部 HTML5 代码如下：

```
<!DOCTYPE HTML>
```

```
<html>
<head>
<meta charset="utf-8">
<title>新品推广展示</title>
<link href="css/css4-1-2.css" rel="stylesheet" type="text/css" />
</head>

<body>
<div class="box">
    <div class="subbox">
        <img src="images/pro002.png">
        </div>
        <h3>混合果泥新上市</h3>
        <p>适合 24 周以上宝宝</p>
        <p class="price">￥40.00/箱/10 包</p>
        <div class="bt">立即团></div>
        <span>已售 1265</span>
    </div>
</body>
</html>
```

本网页的全部 CSS3 代码如下：

```
@charset "utf-8";
/* CSS Document */
*{
    margin:0;
    padding:5px;
}
.box{
    width:170px;
    height:300px;
    margin:10px;
    border:1px solid #cccccc;
    padding:20px;
    text-align:center;
    border-radius:10px;
    background:#ececec;
}
.subbox{
    width:150px;
```

```
        height:150px;
        padding:8px;
        border:1px solid #cccccc;
        border-radius:150px;
        background:#ffffff;
    }
    .bt{
        width:80px;
        border-radius:5px;
        background:#ff3300;
        color:#ffffff;
        margin:auto;
    }
    h3{
        color:#666666;
    }
    .price{
        color:#ff0000;
    }
    p,span{
        color:#999999;
    }
```

4.1.5 技能拓展

(1) 使用盒子模型制作“商品首发展示”，效果如图 4-15 所示。

(2) 使用盒子模型制作“品牌店铺展示”，效果如图 4-16 所示。

图 4-15 商品首发展示效果

图 4-16 品牌店铺展示效果

任务 4.2　超链接与列表

4.2.1　任务目标

本任务的学习目标如下：

(1) 认识和了解超链接元素；

(2) 认识和了解列表元素；

(3) 掌握超链接和列表的基本结构与标签属性；

(4) 掌握超链接和列表的实现方法；

(5) 能够使用超链接和列表设计商务网页的超链接功能与图文排列。

4.2.2　任务分析

在本任务中，首先介绍了网页中常用的超链接和列表元素，通过知识学习掌握超链接和列表的基本结构，以及该基本结构对应的标签，从而认识超链接和列表的各种实现方法。

以商务网页中有关超链接和列表方面的模块作为任务实践，通过任务实践熟练掌握多种实现方法，从而能够灵活使用超链接和列表进行商务网页的模块实现。

4.2.3　知识准备

1. 超链接元素

超链接是实现网页与网页之间建立起关联的一种网页技术。网络中海量的网页文档都是使用超链接构建形成整体化、信息化和关系化的信息网络，使用者通过点击链接可以从一个网页跳转到另一个网页。信息网络中，几乎所有的网页都建立有超链接。

超链接可以是一段任意长度的文本，也可以是一个图像，还可以是一个标签元素，浏览者可以点击这些内容来跳转到新的任意网页，也可以跳转到当前网页或新网页中的某个位置。一般情况下，把鼠标指针移动到网页中的某个链接上时，箭头会变为“小手”形状的图标。

在 HTML 中，创建超链接是通过使用<a>标签实现的，它是双标签。<a>标签有两种使用方式。

其一，通过使用 href 属性创建指向另一个文档或文件的链接，比如：

```
<a href="http://www.taobao.com">淘宝网</a>
```

以上这段代码，浏览器预览时，点击这个超链接会跳转到淘宝网的首页。

<a>标签还有一个很常用的 target 属性，它可以定义被链接的文档在浏览器中打开的方式，比如：

```
<a href="http://www.taobao.com" target="_blank">淘宝网</a>
```

以上这段代码，浏览器预览时，表示会在浏览器的新窗口打开淘宝网首页。

其二，通过使用 name 属性创建文档内的书签，从而建立起文档内的超链接，也就是以下介绍的锚点超链接。

2. 锚点超链接

锚点超链接是网页文档内不同位置的链接。利用<a>标签的 name 属性建立书签，成为链接的目标位置，即锚点，然后创建文本或图像的超链接，其 href 属性值在 name 属性值前加“#”符号，这样就建立起本页内的超链接，比如：

```
<a name="step1">步骤一</a>
```

这是在文档中创建了一个锚点，然后创建到锚点的超链接，比如：

```
<a href="#step1">转到步骤一</a>
```

浏览器预览时，点击这个超链接就会切换到本页的“步骤一”位置。

3. 超链接样式

超链接样式主要通过四个伪类来定义。所谓伪类，它并不是真正意义上的类，它的名称是由系统定义的，通常由标签名、类名或 id 名加上“:”，再加上系统定义的伪类名称构成，比如 a:hover。

<a>标签包含四个伪类，具体定义如下：

a:link：定义普通的、未被访问的超链接状态。

a:visited：定义用户已访问的超链接状态。

a:hover：定义鼠标指针位于链接上方时的超链接状态。

a:active：定义被点击时刻的超链接状态。

伪类样式的属性有很多种，包括 color、background、text-decoration、font-size 等。比如：

```
a:link {color:#ff0000;}        /*未被访问的超链接文本颜色*/
a:visited {color:#00ff00;}     /*已被访问的超链接文本颜色*/
a:hover {color:#ff00ff;}       /*鼠标指针移动到链接上时的文本颜色*/
a:active {color:#0000ff;}      /*正在被点击的链接文本颜色*/
```

值得注意的是，当为超链接的不同状态设置伪类样式时，一般遵循以下次序规则：

第一，a:hover 必须位于 a:link 和 a:visited 之后。

第二，a:active 必须位于 a:hover 之后。

4. 列表标签

列表是一系列项目组成的集合。根据集合规则不同，列表分为有序列表、无序列表和自定义列表三种。

1) 有序列表

有序列表指是在列表中，每个项目前使用序号进行标记。其中，每个项目称为列表项，也就是说，列表项前使用序号进行标记的列表就是有序列表。有序列表使用<ol>标签开始，</ol>标签结束。每个列表项开始于<li>标签，结束于</li>标签。一个有序列表可以有很多列表项，比如：

```
<ol>
    <li>列表项 1</li>
```

```
    <li>列表项 2</li>
    <li>列表项 3</li>
    <li>列表项 4</li>
</ol>
```

在浏览器预览时会显示如下内容：

1. 列表项 1
2. 列表项 2
3. 列表项 3
4. 列表项 4

默认情况下列表项前显示数字序号，如果显示其他序号，则在<ol>标签中设置 type 属性，其值包括 A、a、1、I、i 等，默认为数字 1。

2) 无序列表

与有序列表类似，但不同的是，无序列表是指列表项前使用圆点之类的符号进行标记，典型的符号是小黑圆圈。

使用<ul>标签开始，</ul>标签结束。每个列表项开始于<li>标签，结束于</li>标签。一个无序列表也可以有很多列表项，比如：

```
<ul>
    <li>列表项 1</li>
    <li>列表项 2</li>
    <li>列表项 3</li>
    <li>列表项 4</li>
</ul>
```

在浏览器预览时会显示如下内容：

●列表项 1

●列表项 2

●列表项 3

●列表项 4

默认情况下列表项前显示粗体小圆点，如果显示其他符号，则在<ul>标签中设置 type 属性，其值包括 disc、circle、square，分别对应符号●、○、■，默认为 disc(粗体小圆点●)。如果不显示任何符号，则取值为 none。

3) 自定义列表

自定义列表是列表项前不使用任何符号进行标记，并且，每个列表项还可以包括解释，换言之，自定义列表是由列表项及其解释组合而成的列表。

自定义列表以<dl>标签开始，</dl>标签结束。每个列表项以<dt>标签开始，</dt>标签结束。每个列表项的解释以<dd>标签开始，</dd>标签结束，比如：

```
<dl>
    <dt>列表项 1</dt>
        <dd>列表项 1 的解释</dd>
```

```
    <dt>列表项 2</dt>
        <dd>列表项 2 的解释</dd>
    <dt>列表项 3</dt>
        <dd>列表项 3 的解释</dd>
    <dt>列表项 4</dt>
        <dd>列表项 4 的解释</dd>
</dl>
```

在浏览器预览时会显示如下内容：

列表项 1

列表项 1 的解释

列表项 2

列表项 2 的解释

列表项 3

列表项 3 的解释

列表项 4

列表项 4 的解释

默认情况下列表项前没有任何符号，如果需要显示符号或序号，则在<dl>标签中设置 type 属性，type 属性值与有序列表、无序列表相同。

无论是有序列表、无序列表还是自定义列表，每个列表项标签内都可以使用段落、换行符、图片、链接以及其他列表等标签。

5. 列表样式

实际应用中，CSS 列表样式属性的作用主要有三个方面：

第一，可以设置不同的列表项标记为有序列表；

第二，可以设置不同的列表项标记为无序列表；

第三，可以设置列表项标记为图像。

使用 CSS，可使用图像作为列表项标记，比如：

```
ul
{
    list-style-image: url(listico.png);   /*设置无序列表 ul 的列表项的符号标记为图像 listico.png*/
}
```

同时，也可以把图像设置为列表项的背景，此时作为背景的图像一般选用小图标，这样就可以利用背景图标作为列表项的符号，比如：

```
ul
{
    list-style-type: none;        /*首先，设置无序列表 ul 不使用任何符号*/
}
ul li
{
```

```
    background-image: url(listico.png);     /*然后，设置列表项 li 的背景图标为 listico.png*/
    background-repeat: no-repeat;           /*设置列表项的背景不重复显示*/
}
```

列表样式的全部 CSS 属性具体如下：

list-style：简写属性，用于把所有用于列表的属性设置于此声明中。

list-style-image：将图像设置为列表项标记。

list-style-position：设置列表中列表项标记的位置。

list-style-type：设置列表项标记的类型。

4.2.4 任务实践

实践 1 商品分页导航

本实践做出如下效果，通过 Chrome 浏览器预览测试，如图 4-17 所示。当鼠标停留在页码上时，边框和文字改变颜色。

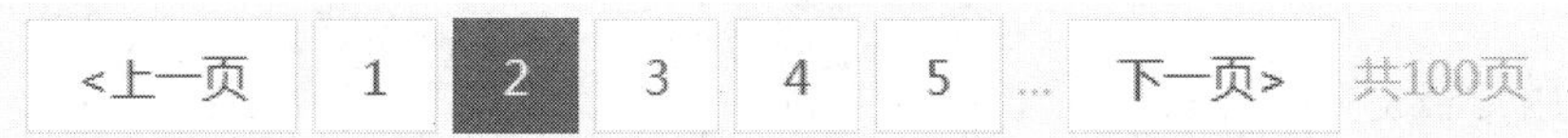

图 4-17 商品分页导航效果

具体实现步骤如下：

(1) 新建 HTML5 文档，保存为“page4-2-1.html”。将 HTML5 文档保存在目录“chapter04”下。

(2) 新建 CSS3 样式文件，保存为“css4-2-1.css”。将 CSS3 文档保存在 “chapter04”的“css”目录下。

(3) 建立 HTML5 和 CSS3 的文件关联。在 page4-2-1.html 的<head></head>标签之间增加关联代码，如下：

```
<link href="css/css4-2-1.css" rel="stylesheet" type="text/css" />
```

(4) 使用 HTML5 标签设计页面结构。

根据效果图，对页面结构作如下分析：所有标签和内容都在一个盒子里，盒子用<div>标签定义，盒子里面的页码用<a>标签定义，非页码内容用<span>标签定义。结构分析如图 4-18 所示。

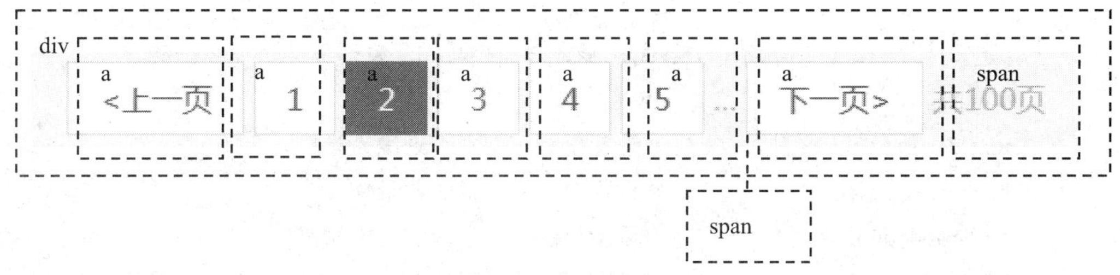

图 4-18 分页导航页面结构分析

根据分析结果，在<body></body>之间添加标签和内容，代码如下：

```
<div>
    <a href="#">&lt;上一页</a>
    <a href="#">1</a>
    <a href="#">2</a>
    <a href="#">3</a>
    <a href="#">4</a>
    <a href="#">5</a>
    <span>…</span>
    <a href="#">下一页&gt;</a>
    <span>共 100 页</span>
</div>
```

代码中，“<”和“>”分别表示符号“<”和“>”，因为符号“<”与“>”与标签的符号相同，为避免混淆，把网页显示的符号“<”和“>”分别用“<”和“>”代替。由于这里的超链接目标网页还没有制作，所以暂时用“#”代替，表示空链接。

(5) 使用 CSS3 设置样式。

第一，设置通用样式。该样式对所有标签元素均有效。代码如下：

```
*{
    margin:0;          /*设置所有元素的外边距*/
    padding:0;         /*设置所有元素的内边距*/
}
```

第二，设置最外面盒子<div>的样式，将<div>标签使用类选择器命名为 .paging。定义 .paging 样式代码如下：

```
.paging{
    width:900px;            /*设置 div 盒子的宽度*/
    background:#fcfcfc;     /*设置 div 盒子的背景*/
    margin:10px auto;       /*设置 div 盒子的外边距，上下外边距 10 px，左右外边距自动，
                              则盒子居中对齐*/
    text-align:center;      /*设置 div 盒子内的居中对齐方式*/
    line-height:50px;       /*设置 div 盒子内的行间距*/
}
```

第三，定义超链接初始状态的样式，该样式代码如下：

```
.paging a{
    text-decoration:none;           /*设置超链接文本下划线为无*/
    background:#ffffff;             /*设置超链接元素的背景*/
    color:#6d6d6d;                  /*设置超链接元素内的文本颜色*/
    border:1px solid #ededed;       /*设置超链接元素的表框*/
    padding:8px 16px;    /*设置超链接元素的内边距，上下内边距为 8 px，左右内边距为 16 px*/
}
```

.paging a 表示里面的样式只对 .paging 盒子中的<a>标签有效，.paging 盒子外的<a>标签无效。

第四，定义<a>标签的伪类 hover 的样式，即鼠标停留在<a>上的样式，该样式代码如下：

```
.paging a:hover{
    color:#ff4400;                  /*设置元素内的文本颜色*/
    border:1px solid #ff4400;       /*设置元素的边框*/
}
```

第五，页码“2”表示当前浏览的页码，其样式与其他页码不一样，为此，给当前浏览页码单独设置样式，并用类选择器命名为 .active，代码如下：

```
.paging a.active{
    color:#ffffff;                  /*设置元素内的文本颜色*/
    background:#ff4400;             /*设置元素的背景*/
    border:1px solid #ff4400;       /*设置元素的边框*/
}
```

.paging a.active 表示里面的样式只对 .paging 盒子中的类名为 .active 的<a>标签有效，.paging 盒子中的 .active 的非<a>标签无效。

第六，设置盒子中的<span>标签的样式，代码如下：

```
.paging span{
    color:#cccccc;              /*设置元素内的文本颜色*/
}
```

至此，样式设置完毕。

(6) 给 HTML5 标签赋予 CSS3 样式名称。

这里有两个元素设置了类选择器，使用该类的元素需要设置该元素标签的 class 属性，使该样式对该标签有效，其他则不用设置。具体代码如下：

```
<div class="paging">
    <a href="#">&lt; 上一页</a>
    <a href="#">1</a>
    <a href="#" class="active">2</a>
    <a href="#">3</a>
    <a href="#">4</a>
    <a href="#">5</a>
    <span>…</span>
    <a href="#">下一页&gt;</a>
    <span>共 100 页</span>
</div>
```

以上灰色底色部分是赋予标签 class 属性和值，使该标签使用该值对应的样式。

(7) 保存后，在 Chrome 浏览器中预览，效果如图 4-19 所示。

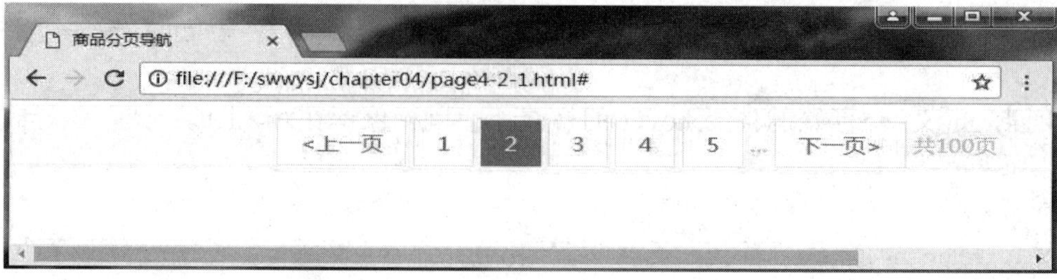

图 4-19　商品分页导航实践效果展示

本网页的全部 HTML5 代码如下：

```
<!DOCTYPE HTML>
<html>
<head>
<meta charset="utf-8">
<title>商品分页导航</title>
<link href="css/css4-2-1.css" rel="stylesheet" type="text/css" />
</head>

<body>
    <div class="paging">
        <a href="#">&lt;上一页</a>
        <a href="#">1</a>
        <a href="#" class="active">2</a>
        <a href="#">3</a>
        <a href="#">4</a>
        <a href="#">5</a>
        <span>…</span>
        <a href="#">下一页&gt;</a>
        <span>共 100 页</span>
    </div>
</body>
</html>
```

本网页的全部 CSS3 代码如下：

```
@charset "utf-8";
/* CSS Document */
*{
   margin:0;
   padding:0;
}
.paging{
   width:900px;
```

```
        background:#fcfcfc;
        margin:10px auto;
        text-align:center;
        line-height:50px;
    }
    .paging a{
        text-decoration:none;
        background:#ffffff;
        color:#6d6d6d;
        border:1px solid #ededed;
        padding:8px 16px;
    }
    .paging a:hover{
        color:#ff4400;
        border:1px solid #ff4400;
    }
    .paging a.active{
        color:#ffffff;
        background:#ff4400;
        border:1px solid #ff4400;
    }
    .paging span{
        color:#cccccc;
    }
```

实践 2　商品类目列表

本实践做出如下效果，通过 Chrome 浏览器预览测试，如图 4-20 所示。当鼠标停留在具体某一个商品类目时，改变该类目底色。

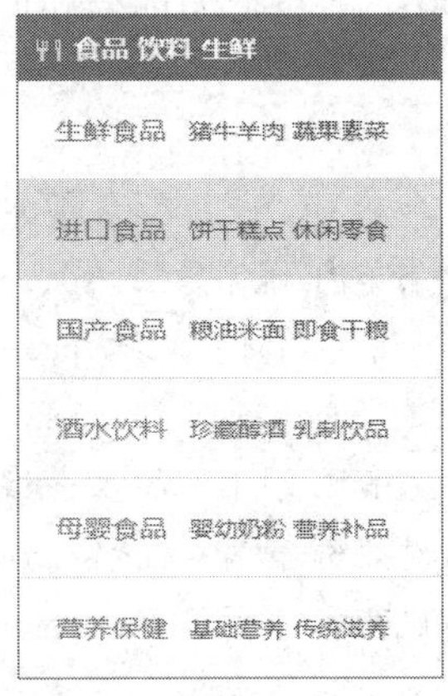

图 4-20　商品类目列表效果

具体实现步骤如下：

(1) 新建 HTML5 文档，保存为“page4-2-2.html”。将 HTML5 文档保存在目录“chapter04”下。

(2) 新建 CSS3 样式文件，保存为“css4-2-2.css”。将 CSS3 文档保存在 “chapter04”的“css”目录下。

(3) 建立 HTML5 和 CSS3 的文件关联。在 page4-2-2.html 的<head></head>标签之间增加关联代码，如下：

```
<link href="css/css4-2-2.css" rel="stylesheet" type="text/css" />
```

(4) 使用 HTML5 标签设计页面结构。

根据效果图，对页面结构作如下分析：所有标签和内容都在一个盒子里，盒子用<div>标签定义，盒子里面的商品类目标题用<h1>标签定义，商品类目用无序列表<ul>标签定义，具体每一个类目项用<li>标签定义，每一类目中的二级类目用<span>标签定义。结构分析如图 4-21 所示。

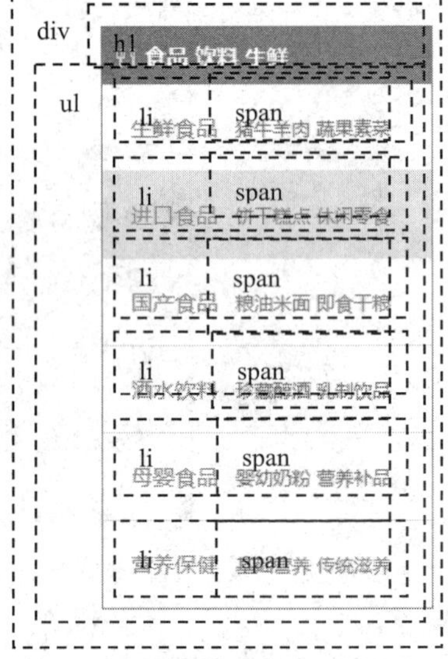

图 4-21 类目列表页面结构分析

根据分析结果，在<body></body>之间添加标签和内容，代码如下：

```
<div>
    <h1>食品 饮料 生鲜</h1>
    <ul>
        <li>生鲜食品<span>猪牛羊肉 蔬果素菜</span></li>
        <li>进口食品<span>饼干糕点 休闲零食</span></li>
        <li>国产食品<span>粮油米面 即食干粮</span></li>
        <li>酒水饮料<span>珍藏醇酒 乳制饮品</span></li>
        <li>母婴食品<span>婴幼奶粉 营养补品</span></li>
        <li>营养保健<span>基础营养 传统滋养</span></li>
    </ul>
</div>
```

(5) 使用 CSS3 设置样式。

第一，设置通用样式。该样式对所有标签元素均有效。代码如下：

```
*{
    margin:0;
    padding:0;
    box-sizing:border-box;          /*设置所有元素的宽度包括边框和内边距*/
}
```

第二，设置最外面盒子<div>的样式，将<div>标签使用类选择器命名为 .category。定义 .category 样式代码如下：

```
.category{
    width:230px;                    /*设置盒子 div 的宽度*/
    margin:10px;                    /*设置盒子 div 的外边距*/
    border:1px solid #ef6d2f;       /*设置盒子 div 的边框*/
    background:#ef6d2f;             /*设置盒子 div 的背景颜色*/
}
```

第三，设置<h1>标签的样式，代码如下：

```
.category h1{
    color:#ffffff;                  /*设置标题 h1 内的文本颜色*/
    padding-left:20px;              /*设置标题 h1 的左内边距*/
    font-size:15px;                 /*设置标题 h1 内的文本字号*/
    background:url(../images/ico1.png) no-repeat 0 5px;    /*设置标题 h1 的背景图像*/
    margin:10px;                    /*设置标题 h1 的外边距*/
}
```

第四，设置<ul>标签的样式，代码如下：

```
.category ul{
    background:#ffffff;                  /*设置无序列表 ul 的背景*/
}
```

第五，设置<li>标签的样式，代码如下：

```
.category ul li{
    font-size:15px;                      /*设置列表项 li 内的文本字号*/
    color:#ef6d2f;                       /*设置列表项 li 内的文本颜色*/
    border-bottom:1px solid #ececec;     /*设置列表项 li 的下边框*/
    padding:20px;                        /*设置列表项 li 的内边距*/
}
```

第六，设置<li>标签的伪类 hover 的样式，即鼠标停留在<li>上的样式，代码如下：

```
.category ul li:hover{
    background:#ececec;                  /*设置鼠标停留在列表项 li 上的背景*/
}
```

第七，设置<span>标签的样式，代码如下：

```
.category ul li span{
    font-size:13px;           /*设置 span 内的文本字号*/
    color:#7f7f7f;            /*设置 span 内的文本颜色*/
    margin:12px;              /*设置 span 的外边距*/
}
```

至此，样式设置完毕。

(6) 给 HTML5 标签赋予 CSS3 样式名称。

在 HTML5 文档中，设置标签的 class 属性，使 class 的值对应于 CSS 样式中的类选择器，如果使用的是标签选择器，则不用设置。具体代码如下：

```
<div class="category">
    <h1>食品 饮料 生鲜</h1>
    <ul>
        <li>生鲜食品<span>猪牛羊肉 蔬果素菜</span></li>
        <li>进口食品<span>饼干糕点 休闲零食</span></li>
        <li>国产食品<span>粮油米面 即食干粮</span></li>
        <li>酒水饮料<span>珍藏醇酒 乳制饮品</span></li>
        <li>母婴食品<span>婴幼奶粉 营养补品</span></li>
        <li>营养保健<span>基础营养 传统滋养</span></li>
    </ul>
</div>
```

以上灰色底色部分就是赋予标签 class 属性和值，使该标签使用该值对应的样式。

(7) 保存后，在 Chrome 浏览器中预览，效果如图 4-22 所示。

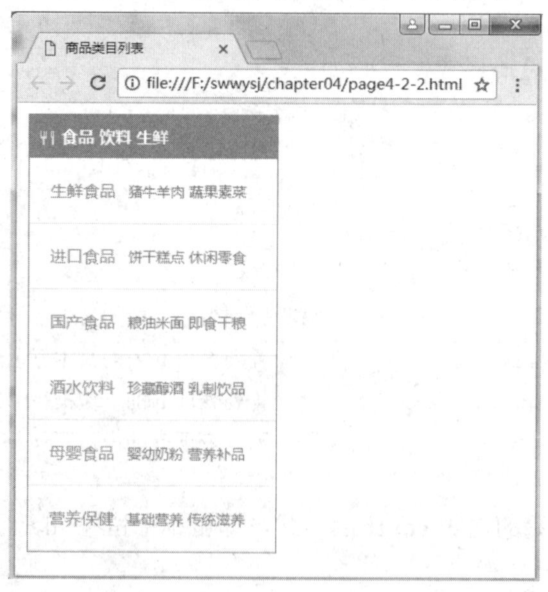

图 4-22 商品类目列表实践效果展示

本网页的全部 HTML5 代码如下：

```
<!DOCTYPE HTML>
```

```
<html>
<head>
<meta charset="utf-8">
<title>商品类目列表</title>
<link href="css/css4-2-2.css" rel="stylesheet" type="text/css" />
</head>
<body>
    <div class="category">
        <h1>食品 饮料 生鲜</h1>
        <ul>
            <li>生鲜食品<span>猪牛羊肉 蔬果素菜</span></li>
            <li>进口食品<span>饼干糕点 休闲零食</span></li>
            <li>国产食品<span>粮油米面 即食干粮</span></li>
            <li>酒水饮料<span>珍藏醇酒 乳制饮品</span></li>
            <li>母婴食品<span>婴幼奶粉 营养补品</span></li>
            <li>营养保健<span>基础营养 传统滋养</span></li>
        </ul>
    </div>
</body>
</html>
```

本网页的全部 CSS3 代码如下：

```
@charset "utf-8";
/* CSS Document */

*{
    margin:0;
    padding:0;
    box-sizing:border-box;
}
.category{
    width:230px;
    margin:10px;
    border:1px solid #ef6d2f;
    background:#ef6d2f;
}
.category h1{
    color:#ffffff;
    padding-left:20px;
    font-size:15px;
```

```
    background:url(../images/ico1.png) no-repeat 0 5px;
    margin:10px;
}
.category ul{
    background:#ffffff;
}
.category ul li{
    font-size:15px;
    color:#ef6d2f;
    border-bottom:1px solid #ececec;
    padding:20px;
}
.category ul li:hover{
    background:#ececec;
}
.category ul li span{
    font-size:13px;
    color:#7f7f7f;
    margin:12px;
}
```

实践 3　购物指南列表

本实践做出如下效果，通过 Chrome 浏览器预览测试，如图 4-23 所示。

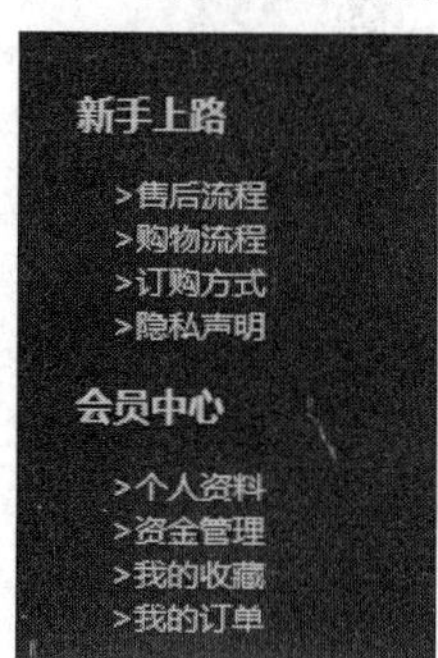

图 4-23　购物指南列表效果

具体实现步骤如下：

(1) 新建 HTML5 文档，保存为“page4-2-3.html”。将 HTML5 文档保存在目录“chapter04”下。

(2) 新建 CSS3 样式文件，保存为“css4-2-3.css”。将 CSS3 文档保存在 “chapter04”的“css”目录下。

(3) 建立 HTML5 和 CSS3 的文件关联。在 page4-2-3.html 的<head></head>标签之间增加关联代码，如下：

```
<link href="css/css4-2-3.css" rel="stylesheet" type="text/css" />
```

(4) 使用 HTML5 标签设计页面结构。

根据效果图，对页面结构作如下分析：所有标签和内容都在一个盒子里，盒子用<div>标签定义，盒子里面的图片所在的圆形再用<div>标签定义，图片由<img/>标签定义，第一行文字可以用标题标签定义，在这里用<h3>，第二行说明文字和第三行价格文字都用<p>标签定义，第四行文字由于有圆角矩形底色块，所以用<div>标签定义，这样可以通过定义该<div>样式以实现底色效果，第五行文字用<span>定义。结构分析如图 4-24 所示。

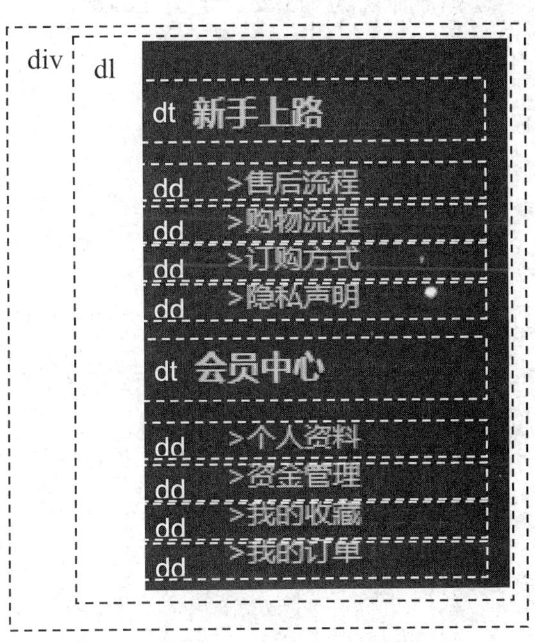

图 4-24　指南列表页面结构分析

根据分析结果，在<body></body>之间添加标签和内容，代码如下：

```
<div>
    <dl>
        <dt>新手上路</dt>
            <dd>&gt;售后流程</dd>
            <dd>&gt;购物流程</dd>
            <dd>&gt;订购方式</dd>
            <dd>&gt;隐私声明</dd>
        <dt>会员中心</dt>
            <dd>&gt;个人资料</dd>
            <dd>&gt;资金管理</dd>
            <dd>&gt;我的收藏</dd>
            <dd>&gt;我的订单</dd>
    </dl>
</div>
```

(5) 使用 CSS3 设置样式。

第一，设置通用样式。该样式对所有标签元素均有效。代码如下：

```
*{
    margin:0;
    padding:0;
    box-sizing:border-box;
}
```

第二，将<div>标签使用类选择器命名为 .guide。定义 .guide 样式代码如下：

```
.guide{
    width:180px;             /*设置盒子 div 的宽度*/
    margin:10px;             /*设置盒子 div 的外边距*/
    background:#1a1a1a;      /*设置盒子 div 的背景颜色*/
    color:#dfdfdf;           /*设置盒子 div 内的文本颜色*/
    padding:10px;            /*设置盒子 div 的内边距*/
}
```

第三，设置<dt>标签的样式，代码如下：

```
.guide dt{
    font-size:16px;       /*设置自定义列表中 dt 项内的文本字号*/
    font-weight:bold;          /*设置自定义列表中 dt 项内的文本加粗*/
    padding:15px;         /*设置自定义列表中 dt 项的内边距*/
}
```

第四，设置<dd>标签的样式，代码如下：

```
.guide dd{
    font-size:14px;            /*设置自定义列表中 dd 项内的文本字号*/
    padding-left:30px;         /*设置自定义列表中 dd 项的左内边距*/
}
```

至此，样式设置完毕。

(6) 给 HTML5 标签赋予 CSS3 样式名称。

在 HTML5 文档中，设置标签的 class 属性，使 class 的值对应于 CSS 样式中的类选择器，如果使用的是标签选择器，则不用设置。具体代码如下：

```
<div class="guide">
    <dl>
        <dt>新手上路</dt>
            <dd>&gt;售后流程</dd>
            <dd>&gt;购物流程</dd>
            <dd>&gt;订购方式</dd>
            <dd>&gt;隐私声明</dd>
        <dt>会员中心</dt>
            <dd>&gt;个人资料</dd>
```

```
            <dd>&gt;资金管理</dd>
            <dd>&gt;我的收藏</dd>
            <dd>&gt;我的订单</dd>
        </dl>
    </div>
```

以上灰色底色部分就是赋予标签 class 属性和值，使该标签使用该值对应的样式。

(7) 保存后，在 Chrome 浏览器中预览，效果如图 4-25 所示。

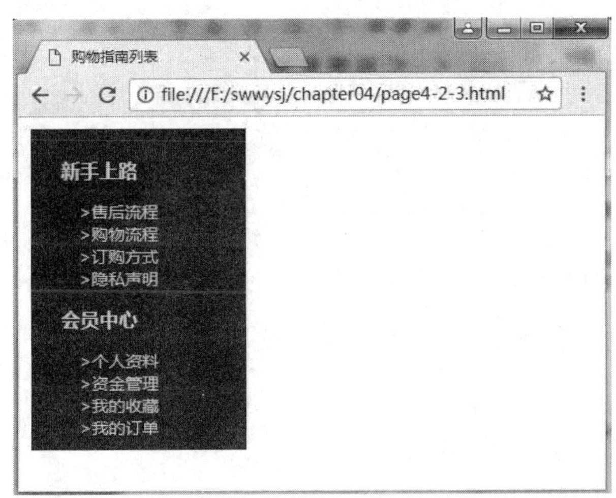

图 4-25　购物指南列表实践效果展示

本网页的全部 HTML5 代码如下：

```
<!DOCTYPE HTML>
<html>
<head>
<meta charset="utf-8">
<title>购物指南列表</title>
<link href="css/css4-2-3.css" rel="stylesheet" type="text/css" />
</head>
<body>
  <div class="guide">
      <dl>
          <dt>新手上路</dt>
          <dd>&gt;售后流程</dd>
          <dd>&gt;购物流程</dd>
          <dd>&gt;订购方式</dd>
          <dd>&gt;隐私声明</dd>
      <dt>会员中心</dt>
          <dd>&gt;个人资料</dd>
          <dd>&gt;资金管理</dd>
```

```
            <dd>&gt;我的收藏</dd>
            <dd>&gt;我的订单</dd>
        </dl>
    </div>
</body>
</html>
```

本网页的全部 CSS3 代码如下：

```
@charset "utf-8";
/* CSS Document */

*{
    margin:0;
    padding:0;
    box-sizing:border-box;
}
.guide{
    width:180px;
    margin:10px;
    background:#1a1a1a;
    color:#dfdfdf;
    padding:10px;
}
.guide dt{
    font-size:16px;
    font-weight:bold;
    padding:15px;
}
.guide dd{
    font-size:14px;
    padding-left:30px;
}
```

4.2.5 技能拓展

(1) 使用超链接制作“商品子类导航”，效果如图 4-26 所示。其中，当鼠标停留在子类链接时，显示“本期主打”的边框效果。

1F 生鲜食品 本期主打 有机厨房 新鲜果品 绿茶花草

图 4-26 商品子类导航效果

(2) 使用列表制作“商品精选列表”，效果如图 4-27 所示。

图 4-27　商品精选列表展示效果

任务 4.3　多　媒　体

4.3.1　任务目标

本任务的学习目标如下：

(1) 认识和了解多媒体元素；

(2) 了解多媒体元素的应用场景；

(3) 掌握多媒体元素的基本结构和标签；

(4) 掌握多媒体元素的实现方法；

(5) 能够使用多媒体元素设计商务网页的媒体呈现。

4.3.2 任务分析

在本任务中，首先介绍了网页中常用的多媒体元素，通过知识学习掌握多媒体的内容和多媒体标签及其属性，认识各种多媒体元素的实现方法。

以商务网页中有关多媒体的模块作为任务实践，通过任务实践熟练掌握多种实现方法，从而能够灵活使用多媒体元素进行商务网页的模块实现。

4.3.3 知识准备

多媒体是计算机中用多种不同的格式呈现信息的载体。从广义上来讲，它可以是计算机环境下听到或看到的任何内容，包括文字、图片、音效、视频、动画、对象等。而我们这里介绍的，主要是网页上的多媒体，一般指网页上的动画、音频和视频。

1. 动画

在 HTML5 中，动画是通过 CSS3 实现的，动画效果包括 CSS3 过渡和 CSS3 动画。

1) CSS3 动画

以前，网页动画主要使用 gif 图片动画、Flash 动画以及 JavaScript 动画实现。现在，可以通过 CSS3 创建动画，随着网页技术的发展，它可以取代以前网页中的动画实现方法。

CSS3 动画是使网页元素从一种样式逐渐变化为另一种样式的动态效果。掌握 CSS3 实现动画的规则，也就掌握了 CSS3 动画的实现方法。

在创建 CSS3 动画前，需要先了解@keyframes 规则。@keyframes 规则是声明创建一个动画，@keyframes 规则内指定一个 CSS3 样式及其动画，动画效果是逐步从目前的样式更改为新的样式。当某个元素使用@keyframes 创建动画时，需要使用元素的 animation 属性把它绑定到该元素选择器上，否则动画不会有任何效果。并且，animation 属性指定至少两个 CSS3 动画属性值，这两个动画属性值分别是动画的名称和动画的时长。比如，创建一个 CSS3 动画，CSS3 样式如下：

```
@keyframes ani
{
    from {background: red;}
    to   {background: green;}
}
```

这里表示利用@keyframes 创建了一个命名为 ani 的动画，动画样式是背景(background)的颜色从红色(red)变化为绿色(green)。

然后使用动画属性 animation 将这个动画绑定一个选择器，比如，绑定 div 元素，其 CSS3 设置如下：

```
div
{
    animation: ani 3s;
}
```

此上语句表示把 ani 动画绑定到 div 选择器，并且动画时长是 3 秒，也就是背景从一种颜色变化到另一种颜色的时长是 3 秒。其实际展示效果是，当网页的 html 标签中出现<div>标签时，该标签的样式就按照 ani 的动画样式展示效果，即 div 标签的背景颜色从红色(red)变化为绿色(green)，并且一次变化过程需要 3 秒，3 秒后重复该变化过程。

上述 CSS3 动画是使用关键字“from”和“to”来表达样式从一种状态变化到另一种状态。实际上，CSS3 动画提供了更丰富的状态变化，可以改变任意多的样式和任意多的变化次数，从而使得动画效果更加多样化，网页效果更加丰富。CSS3 动画使用百分比来规定变化发生的时间，从而实现任意多的变化次数。上述的“from”和“to”等同于百分比中的 0%和 100%，其中，0%表示一次动画的开始，100%表示一次动画的结束。在 0%和 100%之间增加任意多百分比的样式，从而实现任意多次的变化，值得注意的是，为了得到最佳的浏览器支持，最好始终定义 0%和 100%的样式效果。比如，上述创建的 ani 动画，可以在红色(red)变化为绿色(green)之间增加其他颜色的变化，如下：

```
@keyframes ani
{
    0%      {background: red;}
    25%     {background: blue;}
    50%     {background: yellow;}
    100%    {background: green;}
}
```

这里除了设置背景样式，还可以设置其他样式，如背景位置、边框颜色、文字大小和颜色等。

将动画绑定到标签元素时，动画的属性除了必须指定的动画名称和时长，还有其他属性。动画的全部属性如下：

animation：所有动画属性的简写属性，除了 animation-play-state 属性。

animation-name：规定@keyframes 动画的名称。

animation-duration：规定动画完成一个周期所花费的时间，时间单位用秒(s)或毫秒(ms)，默认值是 0。

animation-timing-function：规定动画的速度曲线，速度曲线用于使变化更为平滑。默认值是“ease”，表示动画以低速开始，然后加快，在结束前变慢。

animation-delay：规定动画何时开始，默认值是 0。

animation-iteration-count：规定动画被播放的次数，默认值是 1。而值 infinite 则是无限次播放。

animation-direction：规定动画是否在下一周期反向地播放。默认值是“normal”，表示正常播放。而值 alternate 则表示动画轮流反向播放。

animation-play-state：规定动画是否正在运行或暂停。默认值是“running”，表示动画正在播放。而值 paused 则表示动画已暂停。

animation-fill-mode：规定对象动画时间之外的状态，比如动画完成时的状态等。

2) CSS3 **过渡**

CSS3 过渡也是网页元素从一种样式逐渐改变为另一种样式的效果。和 CSS3 动画不同的是效果的变化开始时间和结束时间不同。CSS3 过渡效果开始于指定的 CSS3 属性值改变时，CSS3 属性改变的典型事件是鼠标指针位于元素上时，当鼠标指针移出该元素时，CSS3 属性就逐渐变回原来的样式。可以这么理解，CSS3 动画是网页载入时播放，而 CSS3 过渡是鼠标触发时播放。

元素使用 CSS3 过渡，是通过设置元素的 transition 属性实现的，并且必须规定两项内容，分别为规定把效果添加到哪个 CSS3 属性上和规定效果的时长。比如，定义鼠标停留在 div 元素上时，div 的宽度发生改变，其 CSS3 样式如下：

```
div
{
    width:100px;
    height:50px;
    background:red;
    transition:width 3s;        /*设置 CSS3 过渡，效果添加在 width 上，时长 3 s */
}
div:hover
{
    width:300px;
}
```

上述 CSS3 规则用到 html 网页时，网页中的<div>标签以宽度为 100 px，高度为 50 px，背景为红色的样式来呈现 div 效果，当鼠标移动到该 div 元素上时，该标签的样式中，宽度由 100 px 逐渐改变为 300 px，其改变过渡时间为 3 s。

过渡 transition 的全部属性如下：

transition：简写属性，用于在一个属性中设置以下四个过渡属性。

transition-property：规定应用过渡的 CSS 属性的名称，如上述的 width。

transition-duration：定义过渡效果花费的时间，单位为 s (秒)或 ms (毫秒)，默认值是 0。

transition-timing-function：规定过渡效果的速度曲线，使得过渡效果随时间改变速度。默认值是“ease”，表示从慢速开始，然后变快，最后慢速结束的过渡效果。

transition-delay：规定过渡效果的开始时间，默认值是 0。

2. 音频

直到现在，仍然没有在网页上播放音频的统一标准。大多数网页音频是通过插件(比如 Flash 插件)来播放的。然而并非所有用户浏览器都安装了同样的插件。

为了方便用户，HTML5 规定了在网页上嵌入音频的标准，即在网页中使用<audio>元素，该元素能够播放声音文件或者音频流。当前，audio 元素主要支持三种音频文件格式：ogg、mp3 和 wav。在 HTML5 中播放音频，其标签格式如下：

```
<audio controls="controls">
    <source src="voice.ogg" type="audio/ogg">
    <source src="voice.mp3" type="audio/mpeg">
    <source src="voice.wav" type="audio/wav">
```

```
    提示：当前浏览器不支持 audio 元素。
</audio>
```

以上格式中，<audio>标签的 controls 属性用于显示“播放”、“暂停”和“音量”控件。<audio>元素允许使用多个<source>元素，<source>元素可以链接不同的音频文件，用户浏览器将使用第一个格式支持、可识别的音频文件来播放。在<audio>与</audio>之间显示的文本是用于提示当前用户浏览器不支持<audio>元素。

<audio>标签常用属性如下：

controls：值为 controls，表示如果出现该属性，则向用户显示音频控件，比如播放按钮、暂停按钮等。

autoplay：值为 autoplay，表示如果出现该属性，则音频在载入就绪后马上播放。

loop：值为 loop，表示如果出现该属性，则当音频结束时重新自动开始播放，也就是说无限次循环播放音频。

preload：值为 preload，表示如果出现该属性，则在网页加载的同时也加载音频文件，并预备播放。如果同时使用了“autoplay”，则 preload 属性被忽略。

3. 视频

与音频类似，直到现在，仍然没有在网页上播放视频的统一标准。大多数视频也是通过插件(比如 Flash 插件)来播放的。然而并非所有用户浏览器都安装了同样的插件。

同样是为了方便用户，HTML5 规定了在网页上嵌入视频元素的标准，即在网页中使用<video>元素，该元素能够播放视频文件或者视频流。当前，video 元素主要支持三种视频文件格式：mp4、webm 和 ogg。为便于用户控制视频，<video>元素提供了播放、暂停和音量控件来控制视频。在 HTML5 中播放视频，其标签格式如下：

```
<video controls="controls" width="480" height="320">
    <source src="voice.ogg" type="video/ogg">
    <source src="voice.mp4" type="video/mp4">
    <source src="voice.webm" type="video/webm">
    提示：当前浏览器不支持 video 元素。
</video>
```

以上格式中，<video>标签的 controls 属性用于显示“播放”、“暂停”和“音量”控件。width 属性和 height 属性用于设置视频界面的宽度和高度。<video>元素允许使用多个<source>元素，<source>元素可以链接不同的视频文件，浏览器将使用第一个格式支持的、可识别的视频文件来播放。在<video>与</video>之间显示的文本是用于提示当前浏览器不支持<video>元素。

<video>标签常用属性如下：

controls：值为 controls，表示如果出现该属性，则向用户显示视频控件，比如播放按钮。

width：值为数字像素值(px)，表示设置视频播放器的宽度。

height：值为数字像素值(px)，表示设置视频播放器的高度。

autoplay：值为 autoplay，表示如果出现该属性，则视频在载入就绪后马上播放。

loop：值为 loop，表示如果出现该属性，则当视频结束时重新自动开始播放，也就是说无限次循环播放视频。

preload：值为 preload，表示如果出现该属性，则在网页加载的同时也加载视频文件，并预备播放。如果同时使用了“autoplay”，则 preload 属性被忽略。

4.3.4 任务实践

实践 1 促销商品动画展示

本实践做出如下效果，通过 Chrome 浏览器预览测试，如图 4-28 所示。其中，商品图像的圆形边框有阴影的动画，“立即采购”有旋转的动画，通过这两个元素的动画效果吸引用户。

图 4-28 促销商品动画展示效果图

具体实现步骤如下：

(1) 新建 HTML5 文档，保存为“page4-3-1.html”。将 HTML5 文档保存在目录“chapter04”下。

(2) 新建 CSS3 样式文件，保存为“css4-3-1.css”。将 CSS3 文档保存在“chapter04”的“css”目录下。

(3) 建立 HTML5 和 CSS3 的文件关联。在 page4-3-1.html 的<head></head>标签之间增加关联代码，如下：

```
<link href="css/css4-3-1.css" rel="stylesheet" type="text/css" />
```

(4) 使用 HTML5 标签设计页面结构。

根据效果图，对页面结构作如下分析：所有标签和内容都在一个盒子里，盒子用<div>标签定义，盒子里面的图片所在的圆形再用<div>标签定义，图片由<img/>标签定义，第一行商品标题文字可以用标题标签定义，在这里用<h3>，第二行价格文字用<p>标签定义，

“立即选购”文字由于有圆角矩形底色块，所以用<div>标签定义，这样可以通过定义该<div>样式以实现底色效果和圆角效果。结构分析如图 4-29 所示。

图 4-29　商品展示页面结构分析

根据分析结果，在<body></body>之间添加标签和内容，代码如下：

```
<div>
      <div>
           <img src="images/pro005.png">
      </div>
      <h3>智利进口佳人苹果</h3>
      <p>￥80.00/10 斤</p>
      <div>立即选购> </div>
</div>
```

(5) 使用 CSS3 设置样式。

第一，设置通用样式。该样式对所有标签元素均有效。代码如下：

```
*{
   margin:0;
   padding:0;
   box-sizing:border-box;
}
```

第二，设置最外面盒子<div>的样式，将<div>标签使用类选择器命名为：.sales。定义.sales 样式代码如下：

```
.sales{
   width:210px;               /*设置盒子 div 的宽度*/
   margin:10px;               /*设置盒子 div 的外边距*/
```

```
    border:1px solid #cccccc;        /*设置盒子 div 的边框*/
    padding:20px;                    /*设置盒子 div 的内边距*/
    text-align:center;               /*设置盒子 div 内的文本居中对齐*/
    border-radius:10px;              /*设置盒子 div 的圆角*/
    background:#ececec;              /*设置盒子 div 的背景*/
}
```

第三，设置.sales 盒子里面的第一个<div>标签的样式，使用类选择器命名为：.pic，代码如下：

```
.sales .pic{
    width:130px;                     /*设置盒子 div 的宽度*/
    height:130px;                    /*设置盒子 div 的高度*/
    padding:8px;                     /*设置盒子 div 的内边距*/
    border:1px solid #cccccc;        /*设置盒子 div 的边框*/
    border-radius:130px;        /*设置盒子 div 的圆角，当圆角值和宽高度相同时，盒子即为圆形*/
    background:#ffffff;         /*设置盒子 div 的背景*/
    margin:auto;          /*设置盒子 div 的外边距为 auto，则该盒子在其所在的元素内居中对齐*/
}
```

第四，设置.sales 盒子里面的第二个<div>标签的样式，使用类选择器命名为：.bt，代码如下：

```
.sales .bt{
    width:100px;                /*设置盒子 div 的宽度*/
    border-radius:5px;          /*设置盒子 div 的圆角*/
    background:#ff3300;         /*设置盒子 div 的背景*/
    color:#ffffff;              /*设置盒子 div 内的文本颜色*/
    margin:auto;          /*设置盒子 div 的外边距为 auto，则该盒子在其所在的元素内居中对齐*/
}
```

第五，设置.sales 盒子里面的<h3>标签的样式，代码如下：

```
.sales h3{
    color:#666666;/*设置 h3 内的文本颜色*/
}
```

第六，设置.sales 盒子里面的<p>标签的样式，代码如下：

```
.sales p{
    color:#ff0000;          /*设置 p 内的文本颜色*/
}
```

第七，设置元素边框阴影的动画效果，使用@keyframes 创建一个动画，该动画命名为 ani-border，分为五个时间不同样式的转换，代码如下：

```
@keyframes ani-border{
    0%     {box-shadow:0px 0px 10px #cccccc;}     /*设置阴影模糊宽度和阴影颜色，以下类似*/
    25%    {box-shadow:0px 0px 20px #aaaaaa;}
```

```
        50%     {box-shadow:0px 0px 30px #111111;}
        75%     {box-shadow:0px 0px 20px #aaaaaa;}
        100%    {box-shadow:0px 0px 10px #cccccc;}
    }
```

第八，设置元素旋转的动画效果，使用@keyframes 创建一个动画，该动画命名为 ani-tranform，分为三个不同样式的转换，代码如下：

```
    @keyframes ani-transform{
                    0%      {transform:rotate(0deg);}/*设置旋转角度，以下类似*/
                    50%     {transform:rotate(-10deg);}
                    100%    {transform:rotate(0deg);}
    }
```

第九，设置.pic 元素使用 ani-border 的动画效果，在.pic 样式中增加 animation 属性，其值指定使用 ani-border 动画，代码如下：

```
    .sales .pic{
        width:130px;
        height:130px;
        padding:8px;
        border:1px solid #cccccc;
        border-radius:130px;
        background:#ffffff;
        margin:auto;
        animation:ani-border 2s infinite; /*设置启用动画 ani-border，时间为 2 秒，无限循环播放*/
    }
```

增加 animation 属性的语句为以上灰色底色部分。

第十，设置.bt 元素使用 ani-tranform 的动画效果，在.bt 样式中增加 animation 属性，其值指定使用 ani-tranform 动画，代码如下：

```
    .sales .bt{
        width:100px;
        border-radius:5px;
        background:#ff3300;
        color:#ffffff;
        margin:auto;
        animation:ani-transform 2s infinite;/*设置启用动画 ani-tranform，时间为 2 秒，无限循环播放*/
    }
```

增加 animation 属性的语句为以上灰色底色部分。

至此，样式设置完毕。

(6) 给 HTML5 标签赋予 CSS3 样式名称。

在 HTML5 文档中，设置标签的 class 属性，使 class 的值对应 CSS 样式中的类选择器，如果使用的是标签选择器，则不用设置。具体代码如下：

```
<div class="sales">
    <div class="pic">
        <img src="images/pro005.png">
    </div>
    <h3>智利进口佳人苹果</h3>
    <p>￥80.00/10 斤</p>
    <div class="bt">立即选购> </div>
</div>
```

以上灰色底色部分就是赋予标签 class 属性和值，使该标签使用该值对应的样式。

(7) 保存后，在 Chrome 浏览器中预览，效果如图 4-30 所示。

图 4-30 促销商品动画展示实践效果

本网页的全部 HTML5 代码如下：

```
<!DOCTYPE HTML>
<html>
<head>
<meta charset="utf-8">
<title>促销商品动画展示</title>
<link href="css/css4-3-1.css" rel="stylesheet" type="text/css" />
</head>

<body>
    <div class="sales">
        <div class="pic">
            <img src="images/pro005.png">
        </div>
        <h3>智利进口佳人苹果</h3>
        <p>￥80.00/10 斤</p>
        <div class="bt">立即选购> </div>
```

```
    </div>
  </body>
  </html>
```

本网页的全部 CSS3 代码如下：

```
  @charset "utf-8";
  /* CSS Document */

  *{
      margin:0;
      padding:5px;
      box-sizing:border-box;
  }
  .sales{
      width:210px;
      margin:10px;
      border:1px solid #cccccc;
      padding:20px;
      text-align:center;
      border-radius:10px;
      background:#ececec;
  }
  .sales .pic{
      width:130px;
      height:130px;
      padding:8px;
      border:1px solid #cccccc;
      border-radius:130px;
      background:#ffffff;
      margin:auto;
      animation:ani-border 2s infinite;
  }
  .sales .bt{
      width:100px;
      border-radius:5px;
      background:#ff3300;
      color:#ffffff;
      margin:auto;
      animation:ani-transform 2s infinite;
  }
```

```
.sales h3{
    color:#666666;
}
.sales p{
    color:#ff0000;
}
@keyframes ani-border{
    0%      {box-shadow:0px 0px 10px #cccccc;}
    25%     {box-shadow:0px 0px 20px #aaaaaa;}
    50%     {box-shadow:0px 0px 30px #111111;}
    75%     {box-shadow:0px 0px 20px #aaaaaa;}
    100%    {box-shadow:0px 0px 10px #cccccc;}
}
@keyframes ani-transform{
    0%      {transform:rotate(0deg);}
    50%     {transform:rotate(-10deg);}
    100%     {transform:rotate(0deg);}
}
```

实践 2 水果实景视频展示

本实践做出如下效果，通过 Chrome 浏览器预览测试，如图 4-31 所示。其中，当点击播放按钮时，播放这段视频。

图 4-31 水果实景视频展示效果

具体实现步骤如下：

(1) 新建 HTML5 文档，保存为“page4-3-2.html”。将 HTML5 文档保存在目录“chapter04”下。

(2) 新建 CSS3 样式文件，保存为“css4-3-2.css”。将 CSS3 文档保存在 “chapter04”的“css”目录下。

(3) 建立 HTML5 和 CSS3 的文件关联。在 page4-3-2.html 的<head></head>标签之间增

加关联代码，如下：

```
<link href="css/css4-3-2.css" rel="stylesheet" type="text/css" />
```

(4) 使用 HTML5 标签设计页面结构。

根据效果图，对页面结构作如下分析：视频展示作为商品展示的一种形式，可以使用<section>标签定义一个区域，用于视频展示；第一行文字是视频标题，用标题标签<h3>定义，其他内容都是视频，用视频标签<video>定义，通过 controls 属性设置显示播放按钮等视频控件，在<video>中通过标签<source>定义具体的视频源。结构分析如图 4-32 所示。

图 4-32 视频展示页面结构分析

根据分析结果，在<body></body>之间添加标签和内容，代码如下：

```
<section>
    <h3>红橙水果实景视频</h3>
      <video controls>
          <source src="media/orange.mp4" type="video/mp4">
          提示：当前浏览器不支持 video 元素。
      </video>
</section>
```

(5) 使用 CSS3 设置样式。

第一，设置通用样式。该样式对所有标签元素均有效。代码如下：

```
*{
   margin:0;
   padding:0;
}
```

第二，设置<section>的样式，代码如下：

```
section{
```

```
        width:320px;
        margin:10px;
        border:1px solid #cccccc;
        padding:20px;
        text-align:center;
        border-radius:10px;
        background:#ececec;
    }
```

第三，设置 video 的样式，代码如下：

```
    video{
        width:320px;
        height:320px;
        border:1px solid #cec
    }
```

至此，样式设置完毕。

(6) 给 HTML5 标签赋予 CSS3 样式名称。

由于这里使用的都是标签选择器，没有类选择器和 ID 选择器，所以不用设置 class 属性和 id 属性，也就是不用赋予 CSS3 样式名称。

(7) 保存后，在 Chrome 浏览器中预览，效果如图 4-33 所示。

图 4-33 水果实景视频展示实践效果

本网页的全部 HTML5 代码如下：

```
<!DOCTYPE HTML>
<html>
<head>
<meta charset="utf-8">
<title>水果实景视频展示</title>
```

```
<link href="css/css4-3-2.css" rel="stylesheet" type="text/css" />
</head>

<body>
  <section>
       <h3>红橙水果实景视频</h3>
           <video controls>
                <source src="media/orange.mp4" type="video/mp4">
                提示：当前浏览器不支持 video 元素。
           </video>
  </section>
</body>
</html>
```

本网页的全部 CSS3 代码如下：

```
@charset "utf-8";
/* CSS Document */

*{
    margin:0;
    padding:0px;
}
section{
    width:320px;
    margin:10px;
    border:1px solid #cccccc;
    padding:20px;
    text-align:center;
    border-radius:10px;
    background:#ececec;
}
video{
    width:320px;
    height:320px;
    border:1px solid #cec
}
```

4.3.5　技能拓展

(1) 使用过渡动画制作“品牌日广告展示”，载入网页时显示效果如图 4-34 所示。当鼠标停留在该图上时，则自左向右移动并展示整个广告图，效果如图 4-35 所示。

图 4-34 网页载入时显示效果

图 4-35 鼠标停留在图上时移动后显示效果

(2) 使用视频标签制作“无人机视频展示”，效果如图 4-36 所示。

图 4-36 无人机视频展示效果

任务 4.4　表格与表单

4.4.1　任务目标

本任务的学习目标如下：

(1) 认识和了解表格元素；

(2) 认识和了解表单元素；

(3) 掌握表格和表单的基本结构和标签属性；

(4) 掌握表格和表单的实现方法；

(5) 能够使用表格和表单设计商务网页的内容结构和交互功能。

4.4.2　任务分析

在本任务中，首先介绍了网页中常用的表格和表单元素，通过知识学习掌握表格和表单的基本结构，以及该基本结构对应的标签，从而认识表格和表单的各种实现方法。

以商务网页中有关表格和表单方面的模块设计作为任务实践，通过任务实践熟练掌握多种实现方法，从而能够灵活使用表格和表单进行商务网页的模块实现。

4.4.3　知识准备

表格和表单元素是网页中最常用的元素之一。表格元素能够将网页内容进行结构划分；表单元素主要是实现人与网页的交互。

1. 表格元素

表格是用于将网页按行列结构划分多个区域布局的对象。表格常常用于将网页的数据内容按行列结构进行排版。

表格由<table>标签来定义。每个表格由若干行和若干列组成，行由<tr>标签定义，列由<td>标签定义，<table>、<tr>、<td>标签都是双标签。首先使用<table>标签定义个表格，然后在<table>标签内用<tr>定义一行，再将该行用若干<td>定义若干列，即在<tr>标签内用<td>标签定义列，然后再定义下一行，依次类推，最后就形成由多行多列构成的表格。其中，行和列分割成的部分称为单元格，所以有时候也认为，表格就是由若干单元格有序排列组成的一种结构。最后在<td>标签内(即单元格中)放内容，可以包含文本、标题、段落、图像、超链接、列表、表格、表单等，其中在<td>标签内放表格<table>标签，这样的表格称为嵌套表格。比如，定义一个两行两列的表格，其代码格式如下：

```
<table>
    <tr>
        <td>第一行第一列</td>
        <td>第一行第二列</td>
```

```
    </tr>
    <tr>
        <td>第二行第一列</td>
        <td>第二行第二列</td>
    </tr>
</table>
```

接下来在第一个单元格内放一个表格，就构成了嵌套表格，其代码格式如下：

```
<table>
    <tr>
        <td>
        <table>
            <tr>
                <td>嵌套表格第一行第一列</td>
                <td>嵌套表格第一行第二列</td>
            </tr>
            <tr>
                <td>嵌套表格第二行第一列</td>
                <td>嵌套表格第二行第二列</td>
            </tr>
        </table>
        </td>
        <td>第一行第二列</td>
    </tr>
    <tr>
        <td>第二行第一列</td>
        <td>第二行第二列</td>
    </tr>
</table>
```

上述底色部分的标签代码就是在第一行第一列(即第一个单元格)中放表格标签，形成了嵌套表格。

2. 表格表头

一般把表格的第一行或第一列作为表格表头，使用<th>标签进行定义，也就是用<th>标签代替表格的第一行<td>标签或第一列<td>标签。用<th>标签设置后，表头中的文本显示为粗体、居中的格式。比如，定义一个含表头的三行两列的表格，其代码格式如下：

```
<table>
    <tr>
        <th>表格表头 1</th>
        <th>表格表头 2</th>
```

```
    </tr>
    <tr>
        <td>第一行第一列</td>
        <td>第一行第二列</td>
    </tr>
    <tr>
        <td>第二行第一列</td>
        <td>第二行第二列</td>
    </tr>
</table>
```

此外，还可以用<caption>标签定义表格标题，<caption>标签紧随<table>标签后面，并且每个表格只能定义一个标题，并居中于表格之上。比如，定义一个含表格标题的两行两列的表格，其代码格式如下：

```
<table>
    <caption>表格标题文本</caption>
    <tr>
        <td>第一行第一列</td>
        <td>第一行第二列</td>
    </tr>
    <tr>
        <td>第二行第一列</td>
        <td>第二行第二列</td>
    </tr>
</table>
```

3. 合并单元格

表格中，有时候为了更清晰地显示内容结构，需要一行的多个单元格作为一个单元格来布局，或者需要一列的多个单元格作为一个单元格来布局，这就需要合并单元格。

合并行向的多个单元格，只需在被合并单元格的第一个<td>标签或<th>标签中设置属性 colspan，其值为被合并单元格的个数。比如，在一个两行三列的表格中，合并第一行的第二和第三个单元格，其代码格式如下：

```
<table border=1>
     <tr>
    <th>店铺名称</th>
    <th colspan="2">客服名称</th>
     </tr>
     <tr>
         <td>好味道</td>
         <td>吃货李</td>
```

```
            <td>吃货陈</td>
        </tr>
    </table>
```

在浏览器中浏览效果如图 4-37 所示。

图 4-37 行向合并单元格预览

同样，合并列向排列的多个单元格，只需在被合并单元格的第一个<td>标签或<th>标签设置属性 rowspan，其值为被合并单元格的个数。比如，在一个三行两列的表格中，合并第一列的第二和第三个单元格，其代码格式如下：

```
<table border=1>
    <tr>
  <th>店铺名称</th>
  <td>好味道</th>
    </tr>
    <tr>
        <th rowspan="2">客服名称</th>
        <td>吃货李</td>
    <tr>
  <td>吃货陈</td>
    </tr>
</table>
```

在浏览器中浏览效果如图 4-38 所示。

图 4-38 列向合并单元格预览

4. 表格样式

表格样式可以通过设置表格各个标签元素的 CSS 样式实现。表格具有盒子模型的样式属性，包括边框、宽度、高度、内边距、背景、颜色、文本对齐等。可以设置<table>标签的样式，也可以单独设置<tr>标签或<td>标签的样式，这样就可以设置出呈现丰富多样的表格。

1) 边框

CSS 中使用 border 属性设置表格边框。在 CSS 中设置如下：

```
table, th, td
{
    border: 1px solid #ff0000;
}
```

上述代码表示同时设置了表格三个标签<table>、<th>和<td>的边框属性，其值代表边框的样式为宽度 1 px、实线边框、颜色为 #ff0000。

2) 宽度和高度

通过使用 width 和 height 属性定义表格的宽度和高度。在 CSS 中设置如下：

```
table
{
    width:500px;
}
th,td
{
    width:250px;
    height:30px;
}
```

值得说明的是，当设置了一个单元格的宽度，那么该单元格及其同列的单元格都是相同的宽度。同样，当设置了一个单元格的高度，那么该单元格及其同行的单元格都是相同的高度。

3) 内边距

通过使用 padding 属性为<td>标签和<th>标签设置内边距，从而控制单元格中的内容与边框的距离。在 CSS 中设置如下：

```
th,td
{
    padding:5px;
}
```

4) 背景

通过使用 background 属性为<table>标签设置整个表格的背景，为<td>标签和<th>标签设置单元格的背景，背景可以是颜色或图像。在 CSS 中设置如下：

```
th,td
{
    background:#ececec;
}
```

5) **颜色**

通过使用 color 属性为<table>标签设置整个表格内的文本颜色，为<td>标签和<th>标签设置单元格内的文本颜色。在 CSS 中设置如下：

```
th,td
{
    color:#555555;
}
```

6) **文本对齐**

通过使用 text-align 和 vertical-align 属性为<td>标签和<th>标签设置单元格内文本的对齐方式。其中，text-align 属性设置水平对齐方式，比如左对齐、右对齐或者水平居中对齐，vertical-align 属性设置垂直对齐方式，比如顶部对齐、底部对齐或垂直居中对齐。在 CSS 中设置如下：

```
th,td
{
    text-align:left;
    vertical-align:center;
}
```

上述代码表示单元格内的文本水平左对齐，垂直居中对齐。

5. 表单

表单是用于搜集网页中用户输入的不同类型数据的元素。通过表单，能够实现人与网页的交互。表单通过<form>标签定义，如下：

```
<form>
    表单元素
</form>
```

<form>常用的属性包括 action、method、name、autocomplete 属性，进一步介绍如下：

action 属性：定义在用户提交表单时执行的动作，通常是提交到的 URL 地址，该地址用户收集和整理表单中的数据，处理完成后反馈给用户。

method 属性：规定在提交表单时使用的 HTTP 方法，取值有 get 或 post，常用 post 方法。

name 属性：规定表单的名称，用于识别网页中多个表单。

autocomplete 属性：规定 form 或 input 域应该拥有自动完成功能。

6. 表单元素

表单元素也称表单控件、表单对象，是指不同类型的输入控件，如文本输入、选项列表、单选框、复选框、提交按钮等。

1) **<input>元素**

这是文本输入元素，是最重要的表单元素，通过设置 type 属性，其不同的属性值可以使<input>元素变化为多种输入形态，详细介绍具体如表 4-2 所示。

表 4-2　<input>元素的 type 属性值

type 属性值	显示状态或功能	配合使用的属性和例子
text	单行文本输入框	maxlength 属性：允许输入的最多字符数 readonly 属性：该<input>元素内容为只读，不能编辑修改 size 属性：该<input>元素的宽度 value 属性：默认输入的文本 比如：平台名称：<input type="text" value="淘宝网">
password	密码输入框	maxlength 属性，size 属性 比如：登录密码：<input type="password">
radio	单选框	checked 属性：默认选择项目 比如：<input type="radio" name="sex" value="male" checked>男 <input type="radio" name="sex" value="female">女
checkbox	复选框	checked 属性：默认勾选项目 比如：<input type="checkbox" name="platform" value="taobao" checked>淘宝网 <input type="checkbox" name="platform" value="tmall">天猫 <input type="checkbox" name="platform" value="jd">京东
email	自动验证 email 的文本域	比如：<input type="email" name="email">
url	自动验证 url 的文本域	比如：<input type="url" name="url">
tel	自动验证电话格式的文本域	比如：<input type="tel" name="tel">
number	限定输入数字的文本域	min 属性：可输入的最小数值 max 属性：可输入的最大数值 比如：<input type="number" name="" min="1" max="5" >
rang	一定范围内数字值的滑动条	比如：<input type="rang" name="" min="1" max="10" >
date	日期选择器	比如：<input type="date" name="day" >
color	颜色选择器	比如：<input type="color" name="color" >
search	搜索文本域，类似于 text	比如：<input type="search" name="baidu" >
image	图像的提交按钮	比如：<input type="image" name="logo" src="">
file	文件上传按钮	比如：<input type="file" name="upfile">
submit	提交按钮	比如：<input type="submit" name="submit">
button	普通按钮	比如：<input type="button" name="button">
reset	重置按钮	比如： <input type="reset" name="reset">
hidden	隐藏不可见元素	比如：<input type="hidden" name="">

2) <select>**元素**

<select>元素用于定义下拉选项列表，每一个具体的选项使用<option>元素定义。比如，定义一个有三个选项的下拉列表，如下：

```
<select name="platform">
```

```
        <option value="taobao">淘宝网</option>
        <option value="tmall">天猫</option>
        <option value="jd">京东</option>
    </select>
```

3) <textarea>**元素**

<textarea>元素用于定义多行输入字段或文本域。通过 rows 属性规定多行，cols 属性规定多列。比如，定义一个五行二十列的多行文本，如下：

```
<textarea name="brand" rows="5" cols="20">
    这里可以输入多行文本。
</textarea>
```

4) <button>**元素**

<button>元素用于定义用户可点击的按钮。比如，定义一个用户点击后弹出反馈信息的按钮，如下：

```
<button type="button" onclick="alert('淘宝欢迎您！')">点击一下</button>
```

5) <datalist>**元素**

<datalist>元素用于定义输入域的选项列表，用户在输入数据时显示预定义选项的下拉列表。预定义选项是通过<datalist>内的<option>元素创建的。把<datalist>绑定到输入域<input>元素，需要设置输入域<input>的 list 属性，其属性值为<datalist>的 id 属性值。比如，定义一个包含三个选项的输入域选项列表，如下：

```
平台网址：<input list="platform"/>
<datalist id="platform">
    <option label="淘宝网" value="http://www.taobao.com" />
    <option label="天猫" value="http://www.tmall.com" />
    <option label="京东" value="http://www.jd.com" />
</datalist>
```

7. 表单样式

表单和表单元素都是 HTML5 元素，具有盒子模型的样式，都可以使用 CSS3 控制表单和表单元素的字体、字号、边框、宽高度、背景和内外边距等样式。在此不再累述。

4.4.4 任务实践

实践 1 买卖家评价信用表

本实践做出如下效果，通过 Chrome 浏览器预览测试，如图 4-39 所示。

具体实现步骤如下：

(1) 新建 HTML5 文档，保存为“page4-4-1.html”。将 HTML5 文档保存在目录“chapter04”下。

(2) 新建 CSS3 样式文件，保存为“css4-4-1.css”。将 CSS3 文档保存在 “chapter04”的“css”目录下。

卖家累计信用：297

	最近1周	最近1个月	最近6个月	6个月前	总计
好评	0	0	0	298	298
中评	0	0	0	1	1
差评	0	0	0	1	1
总计	0	0	0	297	297
好评率：99.33%					

买家累计信用：500

	最近1周	最近1个月	最近6个月	6个月前	总计
好评	0	2	52	448	500
中评	0	0	0	0	0
差评	0	0	0	0	0
总计	0	2	52	448	500
好评率：100.00%					

图 4-39　买卖家评价信用表效果图

(3) 建立 HTML5 和 CSS3 的文件关联。在 page4-4-1.html 的<head></head>标签之间增加关联代码，如下：

```
<link href="css/css4-4-1.css" rel="stylesheet" type="text/css" />
```

(4) 使用 HTML5 标签设计页面结构。

根据效果图，对页面结构作如下分析：显示内容是行和列的数据，使用<table>定义该结构，卖家和买家的数据分别用表格<table>标签定义，第一行文字作为表格标题，可以用<caption>标签定义；第二行划分为六个单元格，先用<tr>标签定义该行，由于文字样式与其他单元格中的样式不同，可以作为表格的表头，用<th>标签定义各列，六个单元格分别用六个<th>定义；第三行先用<tr>定义该行，再用<td>标签定义各列；第四、五、六行与第三行的定义相同；第七行是合并了六个单元格，所以只用一个<td>定义，并通过 colspan 属性合并六个单元格。卖家的结构分析如图 4-40 所示。 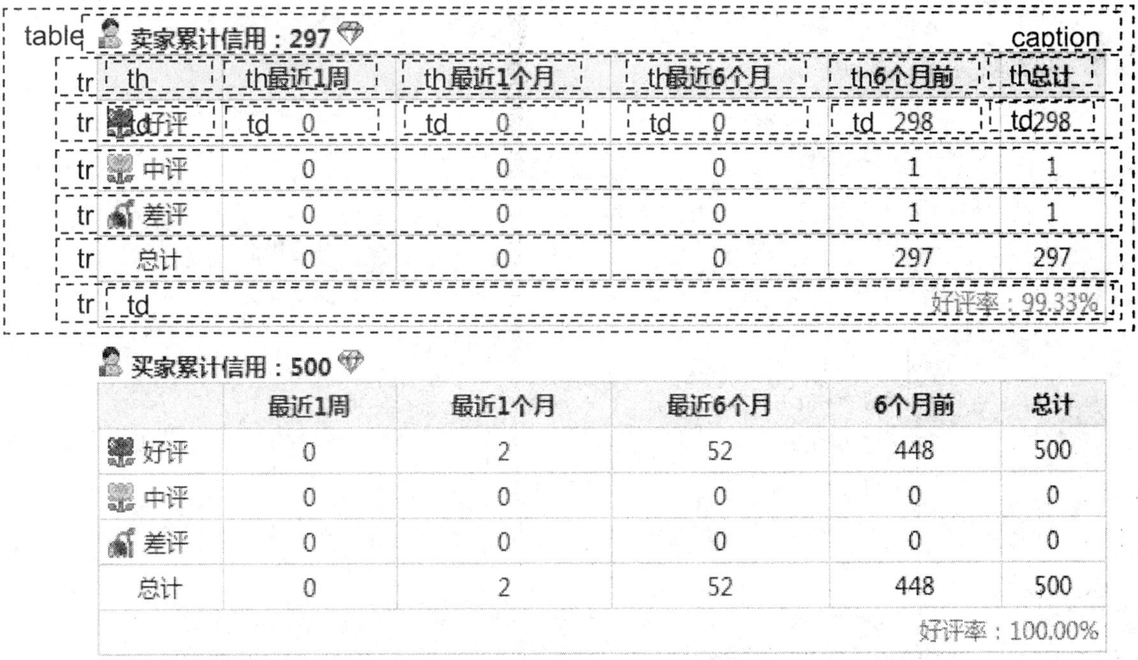

table　卖家累计信用：297　caption

tr	th	th最近1周	th最近1个月	th最近6个月	th6个月前	th总计
tr	td好评	td 0	td 0	td 0	td 298	td298
tr	中评	0	0	0	1	1
tr	差评	0	0	0	1	1
tr	总计	0	0	0	297	297
tr	td　好评率：99.33%					

买家累计信用：500

	最近1周	最近1个月	最近6个月	6个月前	总计
好评	0	2	52	448	500
中评	0	0	0	0	0
差评	0	0	0	0	0
总计	0	2	52	448	500
好评率：100.00%					

图 4-40　评价信用表页面结构分析

结构分析图中，第三、第四和第五个<tr>标签划分的<td>列的结构同第二个<tr>划分结构一样。买家的表格划分结构与卖家相同，在结构图中不再画出。

根据分析结果，在<body></body>之间添加标签和内容，代码如下：

```
<table>
    <caption>卖家累计信用：297 <img src="images/blue1.gif" /></caption>
        <tr>
        <th></th>
            <th>最近 1 周</th>
            <th>最近 1 个月</th>
            <th>最近 6 个月</th>
            <th>6 个月前</th>
            <th>总计</th>
        </tr>
        <tr>
        <td>好评</td>
            <td>0</td>
            <td>0</td>
            <td>0</td>
            <td>298</td>
            <td>298</td>
        </tr>
        <tr>
        <td>中评</td>
            <td>0</td>
            <td>0</td>
            <td>0</td>
            <td>1</td>
            <td>1</td>
        </tr>
        <tr>
        <td>差评</td>
            <td>0</td>
            <td>0</td>
            <td>0</td>
            <td>1</td>
            <td>1</td>
        </tr>
        <tr>
        <td>总计</td>
```

```
            <td>0</td>
            <td>0</td>
            <td>0</td>
            <td>297</td>
            <td>297</td>
        </tr>
        <tr>
        <td colspan="6">好评率：99.33%</td>
        </tr>
</table>
    <table>
    <caption>买家累计信用：500 <img src="images/yellow1.gif" /></caption>
        <tr>
        <th></th>
            <th>最近 1 周</th>
            <th>最近 1 个月</th>
            <th>最近 6 个月</th>
            <th>6 个月前</th>
            <th>总计</th>
        </tr>
        <tr>
        <td>好评</td>
            <td>0</td>
            <td>2</td>
            <td>52</td>
            <td>448</td>
            <td>500</td>
        </tr>
        <tr>
        <td>中评</td>
            <td>0</td>
            <td>0</td>
            <td>0</td>
            <td>0</td>
            <td>0</td>
        </tr>
        <tr>
        <td>差评</td>
            <td>0</td>
```

```
                <td>0</td>
                <td>0</td>
                <td>0</td>
                <td>0</td>
            </tr>
            <tr>
            <td>总计</td>
                <td>0</td>
                <td>2</td>
                <td>52</td>
                <td>448</td>
                <td>500</td>
            </tr>
            <tr>
            <td colspan="6">好评率：100.00%</td>
            </tr>
    </table>
```

在浏览器中预览效果如图 4-41 所示。

卖家累计信用：297

	最近1周	最近1个月	最近6个月	6个月前	总计
好评	0	0	0	298	298
中评	0	0	0	1	1
差评	0	0	0	1	1
总计	0	0	0	297	297

好评率：99.33%

买家累计信用：500

	最近1周	最近1个月	最近6个月	6个月前	总计
好评	0	2	52	448	500
中评	0	0	0	0	0
差评	0	0	0	0	0
总计	0	2	52	448	500

好评率：100.00%

图 4-41　评价信用表结构效果预览

(5) 使用 CSS3 设置样式。

第一，设置通用样式，该样式对所有标签元素均有效。代码如下：

```
*{
    margin:0;
    padding:0;
    font-size:13px;            /*设置所有元素内的文本字号*/
}
```

第二，设置<table>标签的样式，代码如下：

```
table{
    width:580px;                /*设置表格的宽度*/
    margin:10px auto;           /*设置表格的上下外边距和左右外边距*/
    text-align:center;          /*设置表格内的文本对齐方式*/
    border-collapse:collapse;   /*设置表格边框为单一边框*/
}
```

第三，由于<th>和<td>具有相同的边框样式，所以可以同时设置<th>和<td>的样式，代码如下：

```
th,td{
    border:1px solid #dddddd;   /*设置列的边框*/
    padding:3px;                /*设置列的内边距*/
}
```

第四，<th>标签还有其他样式，再补充设置<th>的样式，代码如下：

```
th{
    background:#f8f8f8; /*设置表头列的背景*/
}
```

第五，设置<caption>标签的样式，代码如下：

```
caption{
    text-align:left;            /*设置表格标题内的文本对齐方式*/
    font-weight:bold;           /*设置表格标题内的文本加粗*/
    background:url(../images/ico4.png) no-repeat;    /*设置表格标题的背景*/
    padding-left:20px;          /*设置表格标题的左内边距*/
}
```

第六，两个<caption>样式中，背景图像不同，所以分别用类选择器命名为 .seller 和 .buyer，由于使用的是同一张背景图，所以再分别设置背景图像位置即可，代码如下：

```
caption.seller{
    background-position:0 -60px;        /*设置表格标题的背景位置*/
}
caption.buyer{
    background-position:0 -80px;        /*设置表格标题的背景位置*/
}
```

第七，设置表格第一列各个单元格<td>的背景图像，而其他单元格样式不同，所以第一列有背景图像的单元格使用类选择器命名为 .comment，代码如下：

```
td.comment{
    background:url(../images/ico4.png) no-repeat;    /*设置单元格的背景*/
    padding-left:10px;                               /*设置单元格的左内边距*/
}
```

第八，由于用 .comment 样式的三个单元格背景图像不一样，而它们使用的是同一张背景图，所以还需分别用类选择器命名三个单元格，为 .hight、.secondary 和 .low，并分别设置背景图像位置，代码如下：

```
td.hight{
    background-position:5px 4px;          /*设置单元格的背景位置*/
}
td.secondary{
    background-position:5px -16px;        /*设置单元格的背景位置*/
}
td.low{
    background-position:5px -36px;        /*设置单元格的背景位置*/
}
```

第九，表格的最后一行合并了六个单元格，只有一个<td>标签，里面的文本样式与其他<td>不同，所以使用类选择器命名为 .comment_rate，然后设置其样式，代码如下：

```
td.comment_rate{
    text-align:right;      /*设置单元格内的文本对齐方式*/
    color:#ff6600;         /*设置单元格内的文本颜色*/
}
```

至此，样式设置完毕。

(6) 给 HTML5 标签赋予 CSS3 样式名称。

在 HTML5 文档中，设置标签的 class 属性，使 class 的值对应 CSS 样式中的类选择器，如果使用的是标签选择器，则不用设置。具体代码如下：

```
<table>
    <caption class="seller">卖家累计信用：297 <img src="images/blue1.gif" /></caption>
        <tr>
        <th></th>
            <th>最近 1 周</th>
            <th>最近 1 个月</th>
            <th>最近 6 个月</th>
            <th>6 个月前</th>
            <th>总计</th>
        </tr>
        <tr>
        <td class="comment hight">好评</td>
            <td>0</td>
            <td>0</td>
            <td>0</td>
            <td>298</td>
            <td>298</td>
```

```
        </tr>
        <tr>
        <td class="comment secondary">中评</td>
            <td>0</td>
            <td>0</td>
            <td>0</td>
            <td>1</td>
            <td>1</td>
        </tr>
        <tr>
        <td class="comment low">差评</td>
            <td>0</td>
            <td>0</td>
            <td>0</td>
            <td>1</td>
            <td>1</td>
        </tr>
        <tr>
        <td>总计</td>
            <td>0</td>
            <td>0</td>
            <td>0</td>
            <td>297</td>
            <td>297</td>
        </tr>
        <tr>
        <td colspan="6" class="comment_rate">好评率：99.33%</td>
        </tr>
</table>
    <table>
    <caption class="buyer">买家累计信用：500 <img src="images/yellow1.gif" /></caption>
        <tr>
        <th></th>
            <th>最近 1 周</th>
            <th>最近 1 个月</th>
            <th>最近 6 个月</th>
            <th>6 个月前</th>
            <th>总计</th>
        </tr>
```

```
<tr>
<td class="comment hight">好评</td>
    <td>0</td>
    <td>2</td>
    <td>52</td>
    <td>448</td>
    <td>500</td>
</tr>
<tr>
<td class="comment secondary">中评</td>
    <td>0</td>
    <td>0</td>
    <td>0</td>
    <td>0</td>
    <td>0</td>
</tr>
<tr>
<td class="comment low">差评</td>
    <td>0</td>
    <td>0</td>
    <td>0</td>
    <td>0</td>
    <td>0</td>
</tr>
<tr>
<td>总计</td>
    <td>0</td>
    <td>2</td>
    <td>52</td>
    <td>448</td>
    <td>500</td>
</tr>
<tr>
<td colspan="6" class="comment_rate">好评率：100.00%</td>
</tr>
</table>
```

以上灰色的底色部分就是赋予标签 class 属性和值，使该标签使用该值对应的样式，值得指出的是 class 属性可以使用多个值，多个值用空格分开即可。

(7) 保存后，在 Chrome 浏览器中预览，效果如图 4-42 所示。

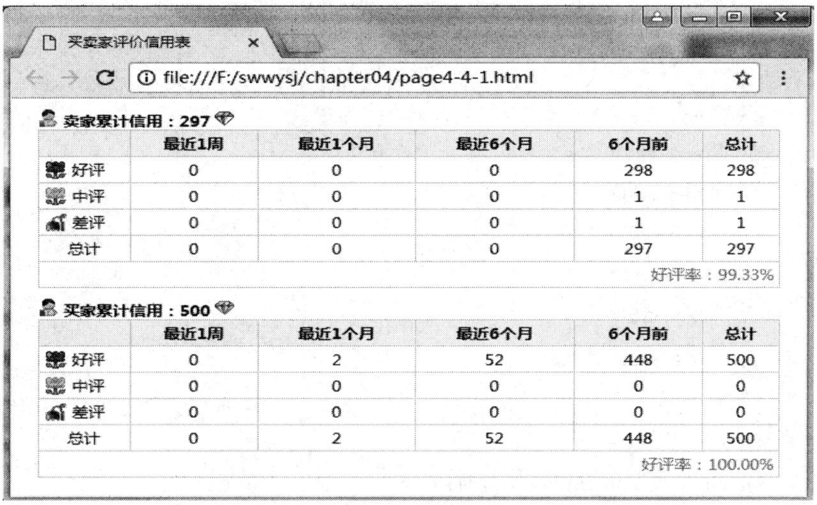

买卖家评价信用表

file:///F:/swwysj/chapter04/page4-4-1.html

卖家累计信用：297

	最近1周	最近1个月	最近6个月	6个月前	总计
好评	0	0	0	298	298
中评	0	0	0	1	1
差评	0	0	0	1	1
总计	0	0	0	297	297
					好评率：99.33%

买家累计信用：500

	最近1周	最近1个月	最近6个月	6个月前	总计
好评	0	2	52	448	500
中评	0	0	0	0	0
差评	0	0	0	0	0
总计	0	2	52	448	500
					好评率：100.00%

图 4-42　买卖家评价信用表实践效果

本网页的全部 HTML5 代码如下：

```
<!DOCTYPE HTML>
<html>
<head>
<meta charset="utf-8">
<title>买卖家评价信用表</title>
<link href="css/css4-4-1.css" rel="stylesheet" type="text/css" />
</head>

<body>
<table>
    <caption class="seller">卖家累计信用：297 <img src="images/blue1.gif" /></caption>
        <tr>
        <th></th>
            <th>最近 1 周</th>
            <th>最近 1 个月</th>
            <th>最近 6 个月</th>
            <th>6 个月前</th>
            <th>总计</th>
        </tr>
        <tr>
        <td class="comment hight">好评</td>
            <td>0</td>
            <td>0</td>
            <td>0</td>
```

```
            <td>298</td>
            <td>298</td>
        </tr>
        <tr>
        <td class="comment secondary">中评</td>
            <td>0</td>
            <td>0</td>
            <td>0</td>
            <td>1</td>
            <td>1</td>
        </tr>
        <tr>
        <td class="comment low">差评</td>
            <td>0</td>
            <td>0</td>
            <td>0</td>
            <td>1</td>
            <td>1</td>
        </tr>
        <tr>
        <td>总计</td>
            <td>0</td>
            <td>0</td>
            <td>0</td>
            <td>297</td>
            <td>297</td>
        </tr>
        <tr>
        <td colspan="6" class="comment_rate">好评率：99.33%</td>
        </tr>
</table>
    <table>
    <caption class="buyer">买家累计信用：500 <img src="images/yellow1.gif" /></caption>
        <tr>
        <th></th>
            <th>最近 1 周</th>
            <th>最近 1 个月</th>
            <th>最近 6 个月</th>
            <th>6 个月前</th>
```

```
        <th>总计</th>
    </tr>
    <tr>
    <td class="comment hight">好评</td>
        <td>0</td>
        <td>2</td>
        <td>52</td>
        <td>448</td>
        <td>500</td>
    </tr>
    <tr>
    <td class="comment secondary">中评</td>
        <td>0</td>
        <td>0</td>
        <td>0</td>
        <td>0</td>
        <td>0</td>
    </tr>
    <tr>
    <td class="comment low">差评</td>
        <td>0</td>
        <td>0</td>
        <td>0</td>
        <td>0</td>
        <td>0</td>
    </tr>
    <tr>
    <td>总计</td>
        <td>0</td>
        <td>2</td>
        <td>52</td>
        <td>448</td>
        <td>500</td>
    </tr>
    <tr>
    <td colspan="6" class="comment_rate">好评率：100.00%</td>
    </tr>
</table>
</body>
```

```
</html>
```

本网页的全部CSS3代码如下：

```
@charset "utf-8";
/* CSS Document */

*{
    margin:0;
    padding:0;
    font-size:13px;
}
table{
    width:580px;
    margin:10px auto;
    text-align:center;
    border-collapse:collapse;
}
th,td{
    border:1px solid #dddddd;
    padding:3px;
}
th{
    background:#f8f8f8;
}
caption{
    text-align:left;
    font-weight:bold;
    background:url(../images/ico4.png) no-repeat;
    padding-left:20px;
}
caption.seller{
    background-position:0 -60px;
}
caption.buyer{
    background-position:0 -80px;
}
td.comment{
    background:url(../images/ico4.png) no-repeat;
    padding-left:10px;
}
```

```
td.hight{
    background-position:5px 4px;
}
td.secondary{
    background-position:5px -16px;
}
td.low{
    background-position:5px -36px;
}
td.comment_rate{
    text-align:right;
    color:#ff6600;
}
```

实践 2　商品发布表单

本实践做出如下效果，通过 Chrome 浏览器预览测试，如图 4-43 所示。

一口价发布

*商品类型	◉全新 ○二手
*商品标题	60/60
商品属性	品牌　大疆DJI　长度　cm 适用季节　□春 □夏 □秋 □冬　宽度　cm
*商品图片	选择文件　未选择任何文件　支持jpg|png|gif格式
*商品描述	
*运费模板	
*上架时间	年 /月/日
	发布　重新填写

图 4-43　商品发布表单效果

具体实现步骤如下：

(1) 新建 HTML5 文档，保存为“page4-4-2.html”。将 HTML5 文档保存在目录“chapter04”下。

(2) 新建 CSS3 样式文件，保存为“css4-4-2.css”。将 CSS3 文档保存在 “chapter04”的“css”目录下。

(3) 建立 HTML5 和 CSS3 的文件关联。在 page4-4-2.html 的<head></head>标签之间增

加关联代码，如下：

```
<link href="css/css4-4-2.css" rel="stylesheet" type="text/css" />
```

(4) 使用 HTML5 标签设计页面结构。

根据效果图，对页面结构作如下分析：首先使用<form>标签定义表单，其他所有标签和内容表单里，保证提交表单时收集到全部数据；然后使用<table>定义表格，表格标题用<caption>定义，使用<tr>和<td>将表格划分为八行二列，其中第三行第二列的单元格中，使用<table>再定义一个嵌套表格，该嵌套表格为二行二列；确定各个单元格后，再在相应单元格中使用表单标签实现表单功能。结构分析如图 4-44 所示。

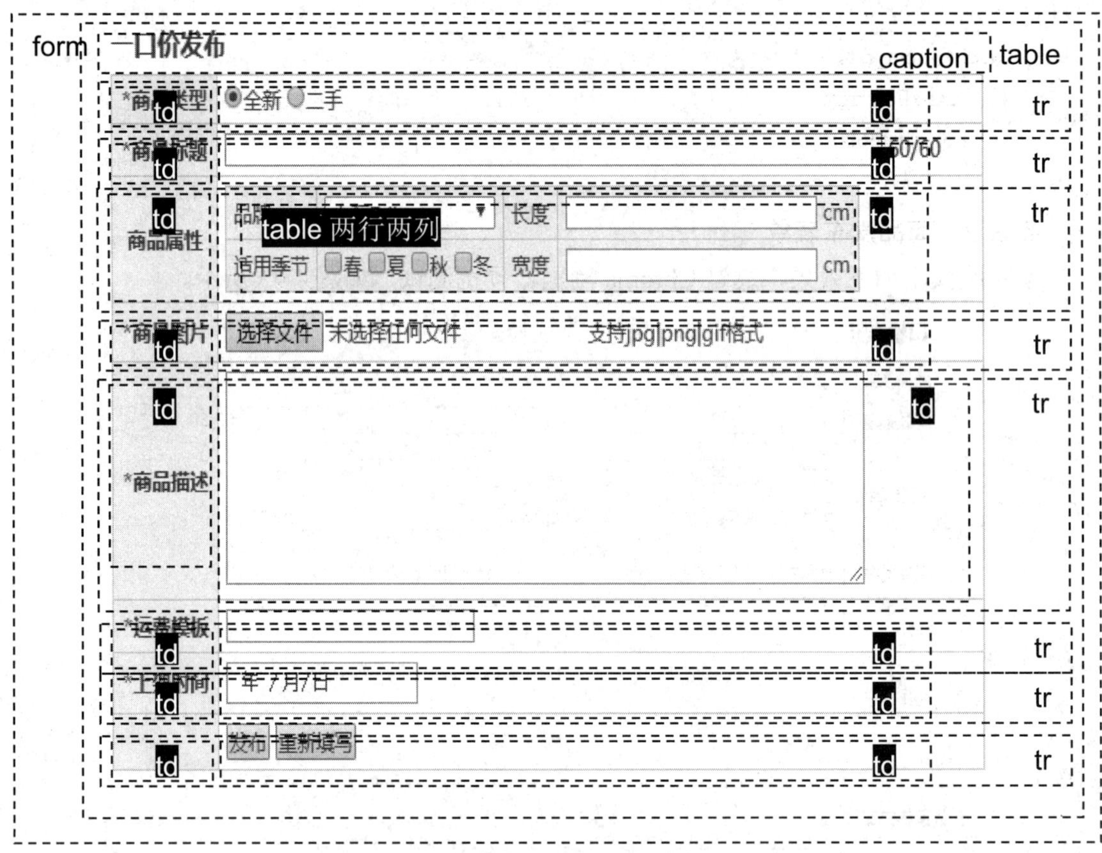

图 4-44 发布表单结构分析

根据分析结果，在<body></body>之间添加标签和内容，代码如下：

```
<form action="#" method="post">
<table>
        <caption>一口价发布</caption>
            <tr>
            <th><span>*</span>商品类型</th>
                <td>
                    <input type="radio" name="shelf_type" checked>全新
                    <input type="radio" name="shelf_type">二手
```

```
    </td>
</tr>
<tr>
<th><span>*</span>商品标题</th>
    <td><input type="text" name="shelf_title" size="60" maxlength="60"> 60/60</td>
</tr>
<tr>
<th>商品属性</th>
    <td>
    <table>
        <tr>
            <td>品牌</td>
                <td>
                <select name="shelf_brand">
                    <option value="DJI" selected>大疆 DJI</option>
                    <option value="Attop">雅得 Attop</option>
                    <option value="HUBSAN">哈博森 HUBSAN</option>
                    <option value="other">其他</option>
                </select>
                </td>
                <td>长度</td>
                <td><input type="number" name="shelf_length"> cm</td>
            </tr>
            <tr>
            <td>适用季节</td>
                <td>
                <input type="checkbox" name="shelf_season" value="season1">春
                <input type="checkbox" name="shelf_season" value="season2">夏
                <input type="checkbox" name="shelf_season" value="season3">秋
                <input type="checkbox" name="shelf_season" value="season4">冬
                </td>
                <td>宽度</td>
                <td><input type="number" name="shelf_width"> cm</td>
            </tr>
        </table>
    </td>
</tr>
<tr>
<th><span>*</span>商品图片</th>
```

```
            <td><input type="file" name="shelf_image"> 支持 jpg | png | gif 格式</td>
        </tr>
        <tr>
        <th><span>*</span>商品描述</th>
            <td><textarea name="textarea" cols="60" rows="8"></textarea></td>
        </tr>
        <tr>
        <th><span>*</span>运费模板</th>
            <td>
            <input list="list" name="shelf_fare"/>
            <datalist id="list">
                <option label="0 元" value="全域包邮" />
                <option label="6 元" value="中通圆通汇通天天" />
                <option label="10 元" value="顺丰 EMS" />
            </datalist>
          </td>
        </tr>
        <tr>
        <th><span>*</span>上架时间</th>
            <td><input type="date" name="shelf_date"></td>
        </tr>
        <tr>
        <th></th>
            <td>
                <input type="submit" name="shelf_submit" value="发布">
                <input type="reset" name="shelf_re" value="重新填写">
            </td>
        </tr>
</table>
</form>
```

以上灰色的底色部分是表单元素部分，在确定表格结构后再输入。

(5) 使用 CSS3 设置样式。

第一，设置通用样式，该样式对所有标签元素均有效。代码如下：

```
*{
   margin:0;                   /*设置所有元素的外边距*/
   padding:0;                  /*设置所有元素的内边距*/
   font-size:13px;             /*设置所有元素内的文本字号*/
   color:#666666;              /*设置所有元素内的文本颜色*/
   border-collapse:collapse;   /*设置所有元素边框为单一边框*/
```

```
}
```

第二，这里有两个表格，并且样式不一样，可以使用类选择器分别命名为 .tab 和 .subtab。定义 .tab 样式代码如下：

```
table.tab{
    width:600px;                /*设置表格的宽度*/
    margin:10px auto;           /*设置表格的上下外边距和左右外边距*/
}
```

第三，同时设置<th>和<td>的样式，代码如下：

```
th,td{
    border:1px solid #dddddd;       /*设置单元格的边框*/
    padding:5px;                    /*设置单元格的内边距*/
}
```

第四，同时设置<th>和.subtab 的样式，代码如下：

```
th,table.subtab{
    background:#f8f8f8;             /*设置标题单元格和嵌套表格的背景*/
}
```

第五，设置<caption>标签的样式，代码如下：

```
caption{
    text-align:left;                /*设置表格标题内的文本对齐方式*/
    font-weight:bold;               /*设置表格标题内的文本加粗*/
    font-size:16px;                 /*设置表格标题内的文本字号*/
    line-height:35px;               /*设置表格标题内的文本行间距*/
}
```

第六，设置表格里面的<span>标签的样式，代码如下：

```
table span{
    color:#ff6600;                  /*设置表格里面的 span 内的文本颜色*/
}
```

至此，样式设置完毕。

(6) 给 HTML5 标签赋予 CSS3 样式名称。

在 HTML5 文档中，设置标签的 class 属性，使 class 的值对应 CSS 样式中的类选择器，如果使用的是标签选择器，则不用设置。具体设置 class 属性部分的代码如下：

```
<form action="#" method="post">
<table class="tab">
      <caption>一口价发布</caption>
  ……
         <th>商品属性</th>
             <td>
             <table class="subtab">
                 <tr>
```

```
            <td>品牌</td>
    ……
```

以上灰色的底色部分就是赋予标签 class 属性和值，使该标签使用该值对应的样式，省略号表示该部分代码没有需要赋予的 class 属性，为节省篇幅而省略。

(7) 保存后，在 Chrome 浏览器中预览，效果如图 4-45 所示。

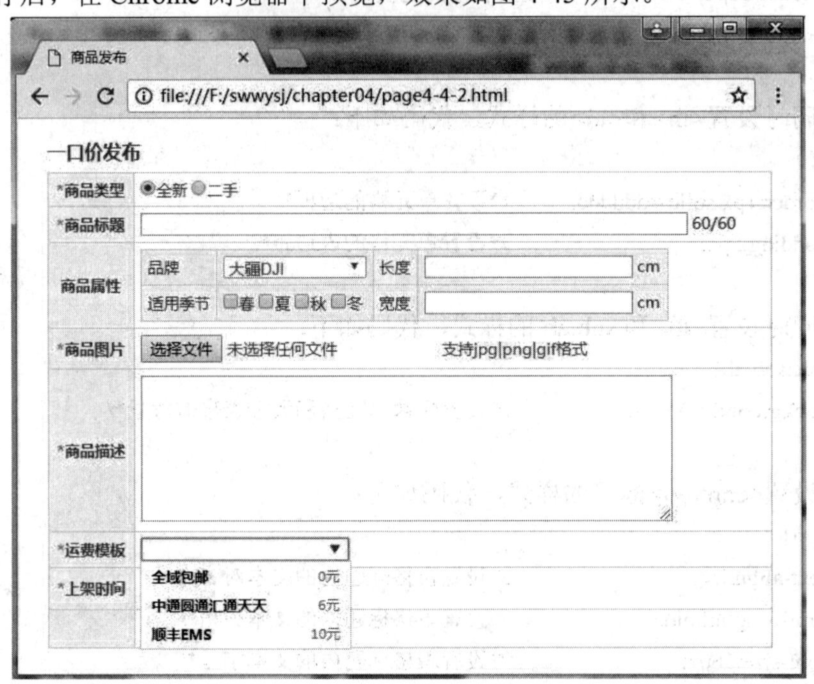

图 4-45　商品发布表单实践效果

本网页的全部 HTML5 代码如下：

```
<!DOCTYPE HTML>
<html>
<head>
<meta charset="utf-8">
<title>商品发布</title>
<link href="css/css4-4-2.css" rel="stylesheet" type="text/css" />
</head>

<body>
<form action="#" method="post">
<table class="tab">
    <caption>一口价发布</caption>
      <tr>
      <th><span>*</span>商品类型</th>
          <td>
          <input type="radio" name="shelf_type" checked>全新
```

```
            <input type="radio" name="shelf_type">二手
        </td>
    </tr>
    <tr>
    <th><span>*</span>商品标题</th>
        <td><input type="text" name="shelf_title" size="60" maxlength="60"> 60/60</td>
    </tr>
    <tr>
    <th>商品属性</th>
        <td>
        <table class="subtab">
            <tr>
                <td>品牌</td>
                    <td>
                    <select name="shelf_brand">
                            <option value="DJI" selected>大疆 DJI</option>
                            <option value="Attop">雅得 Attop</option>
                            <option value="HUBSAN">哈博森 HUBSAN</option>
                            <option value="other">其他</option>
                        </select>
                    </td>
                    <td>长度</td>
                    <td><input type="number" name="shelf_length"> cm</td>
                </tr>
                <tr>
                <td>适用季节</td>
                    <td>
                        <input type="checkbox" name="shelf_season" value="season1">春
                        <input type="checkbox" name="shelf_season" value="season2">夏
                        <input type="checkbox" name="shelf_season" value="season3">秋
                        <input type="checkbox" name="shelf_season" value="season4">冬
                    </td>
                    <td>宽度</td>
                    <td><input type="number" name="shelf_width"> cm</td>
                </tr>
            </table>
        </td>
    </tr>
    <tr>
```

```
            <th><span>*</span>商品图片</th>
                <td><input type="file" name="shelf_image"> 支持 jpg|png|gif 格式</td>
            </tr>
            <tr>
            <th><span>*</span>商品描述</th>
                <td><textarea name="textarea" cols="60" rows="8"></textarea></td>
            </tr>
            <tr>
            <th><span>*</span>运费模板</th>
                <td>
                  <input list="list" name="shelf_fare"/>
                 <datalist id="list">
                 <option label="0 元" value="全域包邮" />
                 <option label="6 元" value="中通圆通汇通天天" />
                 <option label="10 元" value="顺丰 EMS" />
                 </datalist>
              </td>
            </tr>
            <tr>
            <th><span>*</span>上架时间</th>
                <td><input type="date" name="shelf_date"></td>
            </tr>
            <tr>
            <th></th>
                <td>
                <input type="submit" name="shelf_submit" value="发布">
                <input type="reset" name="shelf_reset" value="重新填写">
                </td>
            </tr>
    </table>
        </form>
    </body>
    </html>
```

本网页的全部 CSS3 代码如下：

```
@charset "utf-8";
/* CSS Document */

*{
    margin:0;
```

```
    padding:0;
    font-size:13px;
    color:#666666;
    border-collapse:collapse;
}
table.tab{
    width:600px;
    margin:10px auto;
}
th,td{
    border:1px solid #dddddd;
    padding:5px;
}
th,table.subtab{
    background:#f8f8f8;
}
caption{
    text-align:left;
    font-weight:bold;
    font-size:16px;
    line-height:35px;
}
table span{
    color:#ff6600;
}
```

4.4.5 技能拓展

(1) 使用表格制作“商品参数”，效果如图 4-46 所示。

商品参数

商品名称	大疆“御”MAVIC AIR红色全能套装无人机		
品牌	大疆（DJI）	商品编号	6282741
商品毛重	2.64kg	机身尺寸	180*283*198mm
续航时间	20-25分钟	遥控距离	2-5km
视频分辨率	2.7K-4K	避障感知	多方向避障
商品产地	中国大陆	适用场景	旅行

图 4-46　商品参数效果图

(2) 使用表单制作“新建运费模板”，效果如图 4-47 所示。

图 4-47　新建运费模板展示效果

任务 4.5　定位与布局

4.5.1　任务目标

在任务的学习目标如下：

(1) 认识和了解定位属性；
(2) 认识和了解布局属性；
(3) 掌握定位和布局的基本属性设置；
(4) 掌握定位和布局的实现方法；
(5) 能够使用定位和布局设计商务网页的版面布局。

4.5.2　任务分析

在本任务中，首先介绍了网页中各种元素的定位和布局知识，通过知识学习掌握定位和布局的属性设置，从而认识元素定位和布局的各种设置方法。

以商务网页中各种模块之间以及模块内部的元素定位和布局作为任务实践，通过任务实践熟练掌握各种定位和布局的设置方法，从而能够灵活使用定位和布局进行商务网页的整体版面实现。

4.5.3　知识准备

多种网页元素在同一个网页中如何排列呢？这涉及元素在网页中的定位和布局方法。

网页中，通过设置元素的 CSS 样式进行定位。CSS 有三种基本的定位机制：普通流、浮动和定位。

普通流是指元素的排列位置是根据该元素在 HTML 中的位置决定的，通常按照自上而下，从左到右的顺序排列。其中，块级元素独占一行或多行，自上而下排列，比如<div>、<p>、<ul>等元素；行级元素(也称为内联元素)按左到右的顺序排列，比如<span>、<a>、<td>等元素。除非专门指定，否则所有元素都以普通流来定位。

实际应用中，我们往往采用浮动和定位。

1. CSS 浮动

CSS 浮动就是通过浮动设置，使得元素脱离普通流的排列方式，按照设置的指定方式排列，从而使得网页元素的排列更加多样化。

元素的浮动通过设置 CSS 的 float 属性来实现。常用的 float 属性值包括 left 和 right，分别表示指定的方向向左和向右，即元素从左到右或从右到左移动排列，直到元素外边缘碰到包含框或另一个浮动框的边框为止。把几个浮动的元素放到一起，如果有空间的话，它们将彼此相邻。元素设置浮动之后，周围的元素会重新排列，有可能与预设的排列不一致，为了避免这种情况，使用 clear 属性清除浮动。clear 属性用来指定元素两侧或单侧不能出现浮动元素。上述属性进一步介绍如下：

float 属性：设置一个盒子(或元素)是否允许浮动。其属性值包括 left、right、none、inherit。

clear属性：指定元素周围不允许有浮动元素。其属性值包括 both、left、right、none、inherit。

比如有两个盒子，类名分别命名为 d1 和 d2，其在 html5 的代码如下：

```
<div class=d1></div>
<div class=d2></div>
```

然后，分别通过 CSS3 设置 d1 和 d2 的宽高度和背景样式，其代码如下：

```
.d1{
    width:100px;
    height:100px;
    background:#ff0000;
}
.d2{
    width:200px;
    height:100px;
    background:#00ff00;
}
```

通过浏览器预览，d1 和 d2 两个盒子按照普通流自上而下排列。

接下来分别设置 d1 和 d2 的浮动，增加的样式代码如下：

```
.d1{
    width:100px;
    height:100px;
```

```
        background:#ff0000;
        float:left;
    }
    .d2{
        width:200px;
        height:100px;
        background:#00ff00;
        float:left;
    }
```

再通过浏览器预览，d1 和 d2 两个盒子已经脱离普通流，按照指定的方向自左到右进行排列。

由此可见，网页中通过浮动设置能够使元素按照指定的效果排列，实现丰富多样的网页效果。

2. CSS 定位

CSS 定位就是通过定位设置，指定元素在网页中的显示位置。

元素的定位通过设置 CSS 的 position 属性来实现。position 的属性值包括 static、fixed、relative 和 absolute，构成了四种定位类型，分别是：静态定位(static)、固定定位(fixed)、相对定位(relative)和绝对定位(absolute)。

1) 静态定位

当元素没有设置 potision 属性值时，即为静态定位。static 是元素的默认定位值，即没有定位，元素出现在普通流中。静态定位的元素不会受到边偏移量属性 top、bottom、left、right 的影响。

2) 固定定位

固定定位就是元素设置 position 属性值为 fixed。此时，元素的位置相对于浏览器窗口是固定位置，即使窗口上下滚动，它也不会移动位置。比如设置类名为 d1 的元素固定定位，如下：

```
    .d1{
        position:fixed;
        top:50px;
        right:10px;
    }
```

上述样式代码表示使用 d1 样式的元素在浏览器窗口中始终出现在离窗口上边 50 px、右边 10 px 的位置。

固定定位使元素的位置与文档流无关，因此不占据空间，并且和其他元素会重叠。

3) 相对定位

相对定位就是元素设置 position 属性值为 relative。对一个元素进行相对定位设置后，它将出现在它所在的位置上。然后，可以通过设置垂直或水平位置，让这个元素“相对于”它的起点进行移动，而它原本所占的空间不会改变。

相对定位元素经常被用来作为绝对定位元素的容器块。

4) 绝对定位

绝对定位就是元素设置 position 属性值为 absolute。绝对定位使元素的位置与文档流无关，因此不再占据空间。这一点与相对定位不同，相对定位实际上被看做普通流定位模型的一部分，因为元素的位置是相对于它在普通流中的位置而言的。绝对定位的元素位置是相对于最近的已定位父元素，如果元素没有已定位的父元素，那么它的位置相对于<html>标签元素。

元素的定位与文档流无关，它们可以覆盖网页中的其他元素，此时可以通过设置 CSS 的 z-index 属性解决覆盖的顺序问题。z-index 属性指定了一个元素的堆叠顺序，即哪个元素应该放在前面或后面，其属性值可以有正数或负数。如果没有指定 z-index，最后定位在 HTML 代码中的元素将被显示在最前面。

关于相对定位和绝对定位在此就不列举例子，在后续的任务实践中学习。

3. HTML5 布局

一个网页常常以多列显示内容，这称之为布局。HTML5 提供了实现布局的多种方法。

1) <div>元素布局

<div>元素常常用作布局，因为它能够轻松地通过 CSS 对其进行定位。比如，用<div>元素来创建多列布局，其 HTML 代码如下：

```
<div class="top">
    <h1>平台介绍</h1>
</div>
<div class="navigator">
    <h3>淘宝网</h3>
    <h3>天猫</h3>
    <h3>京东</h3>
</div>
<div class="content">
    <h2>淘宝网</h2>
    <p>淘宝网(taobao.com)是中国深受欢迎的网购零售平台，目前拥有近 5 亿的注册用户数，每天有超过 6000 万的固定访客，同时每天的在线商品数已经超过了 8 亿件，平均每分钟售出 4.8 万件商品。随着淘宝网规模的扩大和用户数量的增加，淘宝也从单一的 C2C 网络集市变成了包括 C2C、团购、分销、拍卖等多种电子商务模式在内的综合性零售商圈。目前已经成为世界范围的电子商务交易平台之一。</p>
</div>
<div class="bottom">
    <p>@版权所有</p>
</div>
```

接着，通过设置各个<div>的 CSS 样式实现布局，主要是定位样式，其代码如下：

```
.top {
```

```
        background:#000000;
        color:#ffffff;
        text-align:center;
        padding:10px;
    }
    .navigator {
        background:#ececec;
        width:100px;
        height:300px;
        padding:5px;
    float:left;
    }
    .content {
        width:400px;
        padding:10px;
    float:left;
    }
    .bottom {
        background:#000000;
        color:#ffffff;
        text-align:center;
        padding:5px;
    clear:both;
    }
```

在浏览器中预览效果如图 4-48 所示。

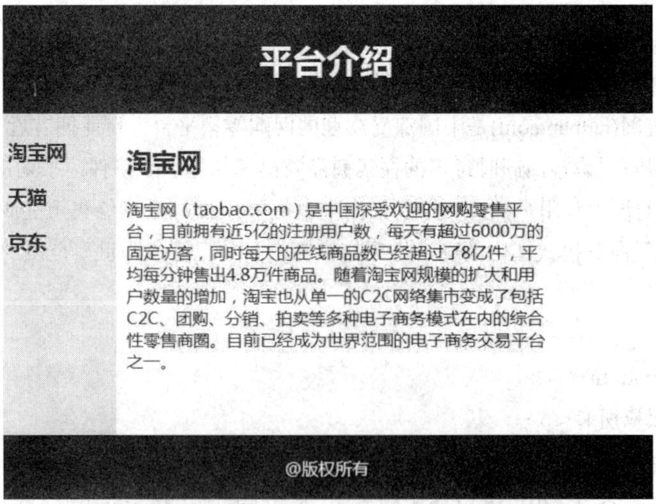

图 4-48　<div>元素布局页面预览

2) HTML5 元素布局

HTML5 提供的新语义元素定义了网页的不同部分，这些新语义元素对应的标签具体如下：

header：定义文档或节的页眉。

nav：定义导航链接的容器。

section：定义文档中的节。

article：定义独立的自包含文章。

aside：定义内容之外的内容(比如侧栏)。

footer：定义文档或节的页脚。

details：定义额外的细节。

summary：定义 details 元素的标题。

比如，用 HTML5 元素来创建多列布局，其 HTML 代码如下：

```
<header>
    <h1>平台介绍</h1>
</header>
<nav>
    <h3>淘宝网</h3>
    <h3>天猫</h3>
    <h3>京东</h3>
</nav>
<section>
    <h2>淘宝网</h2>
    <p>淘宝网(taobao.com)是中国深受欢迎的网购零售平台，目前拥有近 5 亿的注册用户数，每天有超过 6000 万的固定访客，同时每天的在线商品数已经超过了 8 亿件，平均每分钟售出 4.8 万件商品。随着淘宝网规模的扩大和用户数量的增加，淘宝也从单一的 C2C 网络集市变成了包括 C2C、团购、分销、拍卖等多种电子商务模式在内的综合性零售商圈。目前已经成为世界范围的电子商务交易平台之一。</p>
</section>
<footer>
    <p>@版权所有</p>
</footer>
```

接着，通过设置各个标签的 CSS 样式实现布局，主要是定位样式，其代码如下：

```
header {
    background:#000000;
    color:#ffffff;
    text-align:center;
    padding:10px;
}
nav {
```

```
        background:#ececec;
        width:100px;
        height:300px;
        padding:5px;
    float:left;
}
section{
        width:400px;
        padding:10px;
float:left;
}
footer {
        background:#000000;
        color:#ffffff;
        text-align:center;
        padding:5px;
clear:both;
}
```

在浏览器中预览效果与图 4-48 相同。

3) <table>**元素布局**

<table>元素本来不是作为布局工具设计的。<table>元素的作用是显示表格化的数据。但使用<table>元素也能够取得布局效果，因为能够通过 CSS 设置表格元素的样式。但由于<table>元素本身的结构限制，使得使用<table>元素实现布局结构复杂并且局限性大，所以一般不用它来实现网页布局。

以上所述可见，最常用的是<div>布局，表格化数据时用<table>布局，当前越来越多网页开始使用 HTML5 新元素布局。

4. CSS3 多列布局

通过 CSS3，可以设置多个列来对文本进行布局，就像报纸中的分栏文本那样。对文本的多列布局属性包括 column-count、column-gap 和 column-rule。

column-count 属性：规定元素应该被分隔的列数。

column-gap 属性：规定列之间的间隔。

column-rule 属性：设置列之间的宽度、样式和颜色规则。

比如上面的 HTML5 元素布局的例子中，在 section 样式中增加两列布局的属性，如下：

```
section{
    width:400px;
    padding:10px;
    float:left;
```

```
        column-count:2;
    }
```

在浏览器中预览效果如图 4-49 所示。

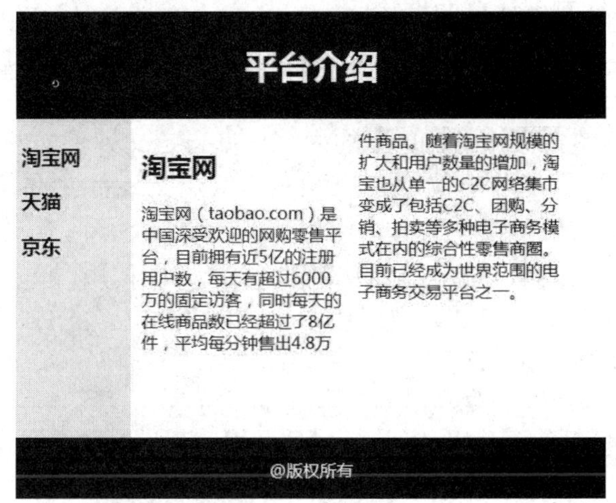

图 4-49 多列布局页面预览

4.5.4 任务实践

实践 1 多商品陈列展示

本实践做出如下效果，通过 Chrome 浏览器预览测试，如图 4-50 所示。

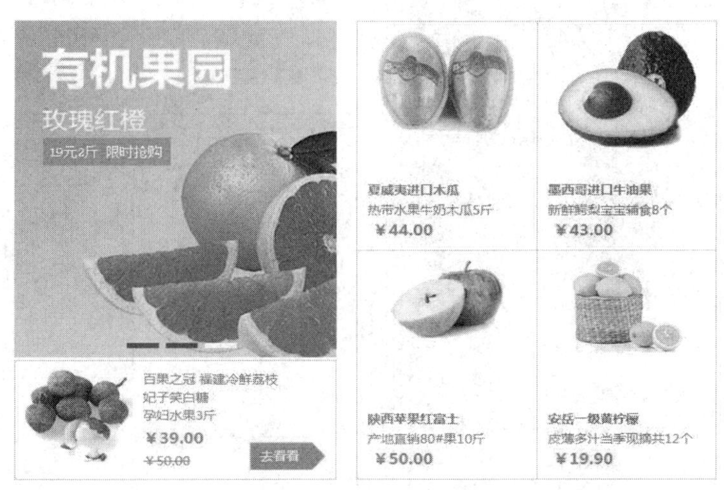

图 4-50 多商品陈列展示效果图

具体实现步骤如下：

(1) 新建 HTML5 文档，保存为“page4-5-1.html”。将 HTML5 文档保存在目录“chapter04”下。

(2) 新建 CSS3 样式文件，保存为“css4-5-1.css”。将 CSS3 文档保存在 “chapter04”的“css”目录下。

(3) 建立 HTML5 和 CSS3 的文件关联。在 page4-5-1.html 的<head></head>标签之间增加关联代码，如下：

```
<link href="css/css4-5-1.css" rel="stylesheet" type="text/css" />
```

(4) 使用 HTML5 标签设计页面结构。

根据效果图，对页面结构作如下分析：首先我们把页面整体划分为左右两部分，都用<section>标签定义；左边的<section>中，上面的促销图用<img>标签定义，下方作为一个自定义列表，用<dl>标签定义，<dl>里面的内容根据自定义列表内的<dt>和<dd>标签来定义，其中商品图用<dt>标签定义，文字都用<dd>标签定义。右边的<section>中，是由四个格式相同的部分组成，整体可以作为一个无序列表，用<ul>标签定义，四个部分可以作为四个列表项，用<li>标签定义，每个<li>标签中，上面的图像用<img>定义，为了设置图像的版式，将<img>标签放进一个 div 盒子中，下方的文本依次分别用<h3>、<p>和<span>标签定义。结构分析如图 4-51 所示。

图 4-51　多商品陈列页面结构分析

根据分析结果，在<body></body>之间添加标签和内容，代码如下：

```
<section>
    <img src="images/pro006.png"/>
```

```
        <dl>
            <dt><img src="images/pro007.png"/><dt>
            <dd>百果之冠 福建冷鲜荔枝<dd>
            <dd>妃子笑白糖</dd>
            <dd>孕妇水果 3 斤</dd>
            <dd>￥39.00</dd>
            <dd>￥50.00</dd>
            <dd>去看看</dd>
        </dl>
    </section>
    <section>
        <ul>
            <li>
                <div><img src="images/pro008.png"/></div>
                <h3>夏威夷进口木瓜</h3>
                <p>热带水果牛奶木瓜 5 斤</p>
                <span>￥44.00</span>
            </li>
            <li>
                <div><img src="images/pro009.png"/></div>
                <h3>墨西哥进口牛油果</h3>
                <p>新鲜鳄梨宝宝辅食 8 个</p>
                <span>￥43.00</span>
            </li>
            <li>
                <div><img src="images/pro010.png"/></div>
                <h3>陕西苹果红富士</h3>
                <p>产地直销 80#果 10 斤</p>
                <span>￥50.00</span>
            </li>
            <li>
                <div><img src="images/pro011.png"/></div>
                <h3>安岳一级黄柠檬</h3>
                <p>皮薄多汁当季现摘共 12 个</p>
                <span>￥19.90</span>
            </li>
        </ul>
    </section>
```

在浏览器中预览效果如图 4-52 所示。

百果之冠 福建冷鲜荔枝
妃子笑白糖
孕妇水果3斤
￥39.00
￥50.00
去看看

夏威夷进口木瓜

热带水果牛奶木瓜5斤

￥44.00

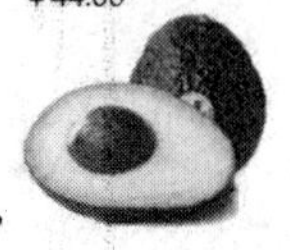

墨西哥进口牛油果

新鲜鳄梨宝宝辅食8个

￥43.00

陕西苹果红富士

产地直销80#果10斤

￥50.00

安岳一级黄柠檬

皮薄多汁当季现摘共12个

￥19.90

图 4-52　多商品陈列结构预览

(5) 使用 CSS3 设置样式。

第一，设置通用样式，该样式对所有标签元素均有效。代码如下：

```
*{
    margin:0;               /*设置所有元素内的外边距*/
    padding:0;              /*设置所有元素内的内边距*/
    font-size:13px;         /*设置所有元素内的文本字号*/
```

```
    box-sizing:border-box;      /*设置所有元素内的文本字号*/
    list-style:none;            /*设置所有元素的宽度包括边框和内边距*/
}
```

第二，设置<section>标签的样式，代码如下：

```
section{
    float:left;                 /*设置该元素左浮动*/
    margin:10px;                /*设置该元素的外边距*/
    color:#888888;              /*设置该元素内的文本颜色*/
}
```

第三，设置<section>中自定义列表<dl>的样式，代码如下：

```
section dl{
    border:1px solid #d2d2d2; /*设置自定义列表的边框*/
    padding:10px;               /*设置自定义列表的内边距*/
    position:relative;          /*设置自定义列表的相对定位，因为里面有绝对定位的元素*/
}
```

第四，设置<section>中自定义列表的标题<dt>的样式，代码如下：

```
section dt{
    float:left;                 /*设置自定义列表中的标题项左浮动*/
    padding-right:10px;         /*设置自定义列表中的标题项的左内边距*/
}
```

第五，设置<section>中自定义列表的内容<dd>的样式，代码如下：

```
section dd{
    line-height:20px;           /*设置自定义列表中的内容项中的文本行间距*/
}
```

第六，设置<section>中无序列表<ul>的样式，代码如下：

```
section ul{
    width:360px;                /*设置无序列表的宽度*/
}
```

第七，设置<section>中无序列表的列表项<li>的样式，代码如下：

```
section li{
    border:1px solid #d2d2d2;       /*设置无序列表项的边框*/
    padding:10px;                   /*设置无序列表项的内边距*/
    margin-right:-1px;              /*设置无序列表项的右外边距左移 1px，这是为了叠加左右
                                      两个列表项的边框为 1px*/
    margin-bottom:-1px;             /*设置无序列表项的下外边距上移 1px，这是为了叠加上下
                                      两个列表项的边框为 1px */
    float:left;                     /*设置无序列表项左浮动*/
    width:180px;                /*设置无序列表项的宽度*/
    line-height:22px;           /*设置无序列表项内的文本行间距*/
```

```
}
```

第八，设置<section>中无序列表项<li>里面的<div>的样式，代码如下：

```
section li div{
    text-align:center;          /*设置无序列表项内的盒子内的对齐方式*/
    height:164px;               /*设置无序列表项内盒子的高度*/
}
```

第九，设置两个<section>中的价格所在标签元素的样式，不管是什么标签，统一用类选择器命名为 .price，通过设置 .price 的样式控制全部价格的样式，代码如下：

```
section .price{
    font-size:16px;             /*设置元素内的文本字号*/
    font-weight:bold;           /*设置元素内的文本加粗*/
    padding:5px;                /*设置元素的内边距*/
    color:#ff6600;              /*设置元素内的文本颜色*/
}
```

第十，同上一步，将原价所在的标签元素统一用类选择器命名为.lastprice，通过设置.lastprice 的样式控制全部原价的样式，代码如下：

```
section .lastprice{
    text-decoration:line-through;    /*设置元素内的文本删除线效果*/
}
```

第十一，设置“去看看”所在的标签元素的样式，它固定在每一个展示商品的右下方，可以用绝对定位方式实现，样式代码如下：

```
section .goto{
    background:url(../images/ico5.png);   /*设置元素内的背景图像*/
    width:75px;                      /*设置元素的宽度*/
    height:30px;                     /*设置元素的高度*/
    line-height:30px;                /*设置元素内的文本行间距*/
    padding-left:10px;               /*设置元素的左内边距*/
    color:#ffffff;                   /*设置元素内的文本颜色*/
    position:absolute;               /*设置元素使用绝对定位方式*/
    right:10px;                      /*设置元素绝对定位的右边位置*/
    bottom:10px;                     /*设置元素绝对定位的下边位置*/
}
```

至此，样式设置完毕。

(6) 给 HTML5 标签赋予 CSS3 样式名称。

在 HTML5 文档中，设置标签的 class 属性，使 class 的值对应 CSS 样式中的类选择器，如果使用的是标签选择器，则不用设置。具体代码如下：

```
<section>
    <img src="images/pro006.png"/>
    <dl>
```

```
            <dt><img src="images/pro007.png"/><dt>
            <dd>百果之冠 福建冷鲜荔枝<dd>
            <dd>妃子笑白糖</dd>
            <dd>孕妇水果 3 斤</dd>
            <dd class="price">￥39.00</dd>
            <dd class="lastprice">￥50.00</dd>
            <dd class="goto">去看看</dd>
        </dl>
    </section>
    <section>
        <ul>
            <li>
                <div><img src="images/pro008.png"/></div>
                <h3>夏威夷进口木瓜</h3>
                <p>热带水果牛奶木瓜 5 斤</p>
                <span class="price">￥44.00</span>
            </li>
            <li>
                <div><img src="images/pro009.png"/></div>
                <h3>墨西哥进口牛油果</h3>
                <p>新鲜鳄梨宝宝辅食 8 个</p>
                <span class="price">￥43.00</span>
            </li>
            <li>
                <div><img src="images/pro010.png"/></div>
                <h3>陕西苹果红富士</h3>
                <p>产地直销 80#果 10 斤</p>
                <span class="price">￥50.00</span>
            </li>
            <li>
                <div><img src="images/pro011.png"/></div>
                <h3>安岳一级黄柠檬</h3>
                <p>皮薄多汁当季现摘共 12 个</p>
                <span class="price">￥19.90</span>
            </li>
        </ul>
    </section>
```

以上灰色的底色部分就是赋予标签 class 属性和值，使该标签使用该值对应的样式，值得指出的是 class 属性可以使用多个值，多个值用空格分开即可。

(7) 保存后，在 Chrome 浏览器中预览，效果如图 4-53 所示。

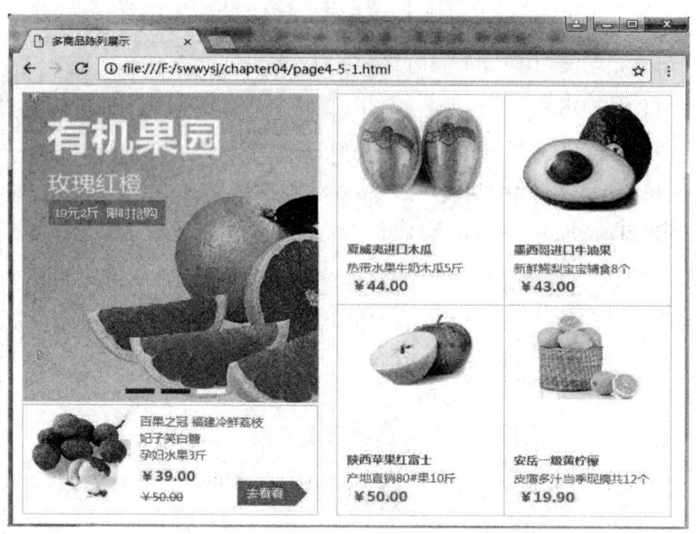

图 4-53　多商品陈列展示实践效果

本网页的全部 HTML5 代码如下：

```
<!DOCTYPE HTML>
<html>
<head>
<meta charset="utf-8">
<title>多商品陈列展示</title>
<link href="css/css4-5-1.css" rel="stylesheet" type="text/css" /><style type="text/css">
</style>
</head>

<body>
<section>
    <img src="images/pro006.png"/>
        <dl>
        <dt><img src="images/pro007.png"/><dt>
            <dd>百果之冠 福建冷鲜荔枝<dd>
            <dd>妃子笑白糖</dd>
            <dd>孕妇水果 3 斤</dd>
            <dd class="price">￥39.00</dd>
            <dd class="lastprice">￥50.00</dd>
            <dd class="goto">去看看</dd>
        </dl>
    </section>
    <section>
```

```
<ul>
    <li>
        <div><img src="images/pro008.png"/></div>
            <h3>夏威夷进口木瓜</h3>
            <p>热带水果牛奶木瓜 5 斤</p>
            <span class="price">￥44.00</span>
        </li>
        <li>
        <div><img src="images/pro009.png"/></div>
            <h3>墨西哥进口牛油果</h3>
            <p>新鲜鳄梨宝宝辅食 8 个</p>
            <span class="price">￥43.00</span>
        </li>
        <li>
        <div><img src="images/pro010.png"/></div>
            <h3>陕西苹果红富士</h3>
            <p>产地直销 80#果 10 斤</p>
            <span class="price">￥50.00</span>
        </li>
        <li>
        <div><img src="images/pro011.png"/></div>
            <h3>安岳一级黄柠檬</h3>
            <p>皮薄多汁当季现摘共 12 个</p>
            <span class="price">￥19.90</span>
        </li>
    </ul>
  </section>
</body>
</html>
```

本网页的全部 CSS3 代码如下：

```
@charset "utf-8";
/* CSS Document */

*{
    margin:0;
    padding:0;
    font-size:13px;
    box-sizing:border-box;
    list-style:none;
```

```
}
section{
    float:left;
    margin:10px;
    color:#888888;
}
section dl{
    border:1px solid #d2d2d2;
    padding:10px;
    position:relative;
}
section dt{
    float:left;
    padding-right:10px;
}
section dd{
    line-height:20px;
}
section ul{
    width:360px;
}
section li{
    border:1px solid #d2d2d2;
    padding:10px;
    margin-right:-1px;
    margin-bottom:-1px;
    float:left;
    width:180px;
    line-height:22px;
}
section li div{
    text-align:center;
    height:164px;
}
section .price{
    font-size:16px;
    font-weight:bold;
    padding:5px;
    color:#ff6600;
```

```
}
section .lastprice{
    text-decoration:line-through;
}
section .goto{
    background:url(../images/ico5.png);
    width:75px;
    height:30px;
    line-height:30px;
    padding-left:10px;
    color:#ffffff;
    position:absolute;
    right:10px;
    bottom:10px;
}
```

实践 2　京东首页右侧导航栏

本实践做出如下效果，通过 Chrome 浏览器预览测试，网页载入时效果图如图 4-54 所示。当鼠标悬停在图标上时，显示对应的文字，如图 4-55 所示。当浏览器出现上下滚动条时，上下移动滚动条，右侧导航栏始终不移动。

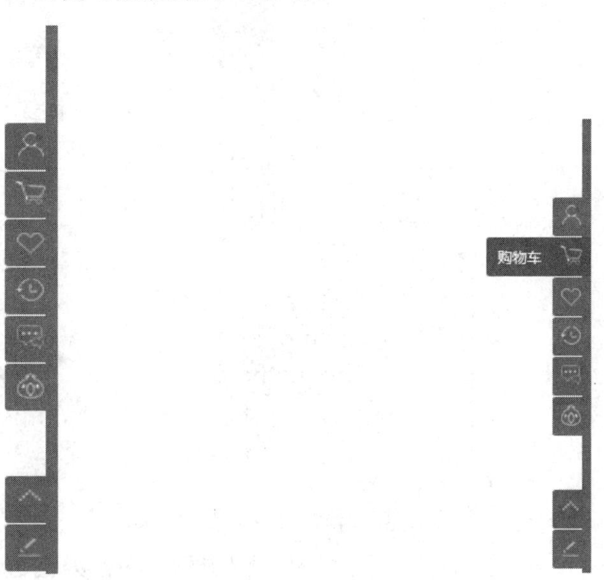

图 4-54　京东首页右侧导航栏网页载入时的效果　　　图 4-55　鼠标悬停在图标上时的效果

具体实现步骤如下：

(1) 新建 HTML5 文档，保存为“page4-5-2.html”。将 HTML5 文档保存在目录“chapter04”下。

(2) 新建 CSS3 样式文件，保存为“css4-5-2.css”。将 CSS3 文档保存在 “chapter04”

的“css”目录下。

(3) 建立 HTML5 和 CSS3 的文件关联。在 page4-5-2.html 的<head></head>标签之间增加关联代码，如下：

```
<link href="css/css4-5-2.css" rel="stylesheet" type="text/css" />
```

(4) 使用 HTML5 标签设计页面结构。

根据效果图，对页面结构作如下分析：首先把整个导航栏作为一个整体，用导航标签<nav>定义；导航栏中的所有图标分为上下两部分，都用无序列表标签<ul>定义，每一个图标及其文字作为一个列表项用<li>定义，列表项中的图标用图像标签<img>定义，列表项中的文字用文本标签<span>定义。结构分析如图 4-56 所示。

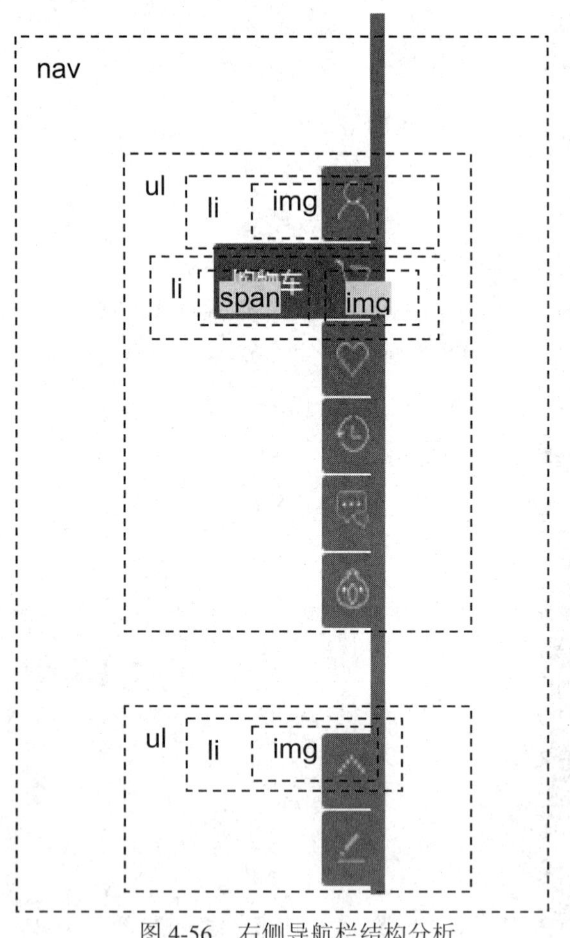

图 4-56 右侧导航栏结构分析

上述结构分析图中，列表项的结构分析以“购物车”图标为例进行分析，其他图标列表项的分析与“购物车”相同。

根据结构分析结果，在<body></body>之间添加标签和内容，代码如下：

```
<nav>
    <ul>
        <li><img src="images/ico71.png"><span>京东会员</span></li>
        <li><img src="images/ico72.png"><span>购物车</span></li>
```

```
        <li><img src="images/ico73.png"><span>我的关注</span></li>
        <li><img src="images/ico74.png"><span>我的足迹</span></li>
        <li><img src="images/ico75.png"><span>我的消息</span></li>
        <li><img src="images/ico76.png"><span>咨询 JIMI</span></li>
    </ul>
    <ul>
        <li><img src="images/ico77.png"><span>顶部</span></li>
        <li><img src="images/ico78.png"><span>反馈</span></li>
    </ul>
</nav>
```

在浏览器中预览效果如图 4-57 所示。

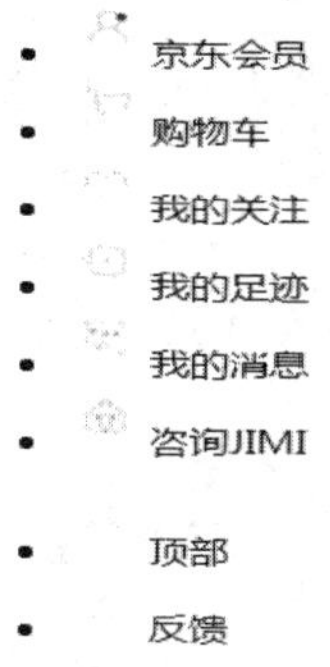

- 京东会员
- 购物车
- 我的关注
- 我的足迹
- 我的消息
- 咨询JIMI

- 顶部
- 反馈

图 4-57　右侧导航栏结构预览

(5) 使用 CSS3 设置样式。

第一，设置通用样式，该样式对所有标签元素均有效。代码如下：

```
*{
    margin:0;                /*设置所有元素内的外边距*/
    padding:0;               /*设置所有元素内的内边距*/
    font-size:13px;          /*设置所有元素内的文本字号*/
    box-sizing:border-box;   /*设置所有元素内的文本字号*/
    list-style:none;         /*设置所有元素的宽度包括边框和内边距*/
}
```

第二，设置<nav>标签的样式，代码如下：

```
nav{
    width:8px;
    height:100%;
    background:#7a6e6e;
    position:fixed;
    right:0px;
    top:0px;
}
```

第三，设置<nav>中无序列表<ul>的样式，代码如下：

```
nav ul{
    position:absolute;
    right:0px;
    bottom:30%;
}
```

第四，这里有两个无序列表<ul>，第二个无序列表的样式不同之处是位置，它始终在网页的右下角，所以须对第二个无序列表<ul>更改定位，同时还要不影响第一个无序列表<ul>，给第二个无序列表<ul>设置类选择器命名为.bottomnav，样式代码如下：

```
nav ul.bottomnav{
    bottom:1%;
}
```

第五，设置<nav>中无序列表的列表项<li>的样式，代码如下：

```
nav ul li{
    position:relative;
    height:35px;
    background:#7a6e6e;
    margin:1px 0px;
    border-radius:3px 0px 0px 3px;
    transition: all 1s;
}
```

第六，设置<nav>中列表项<li>中的文本<span>的样式，代码如下：

```
nav ul li span{
    position:absolute;
    right:-60px;
    top:0px;
    z-index:-1;
    line-height:35px;
    text-align:center;
    padding-left:10px;
    padding-right:10px;
    color:#ffffff;
    white-space:nowrap;
    border-radius:3px 0px 0px 3px;
    transition: all 1s;
}
```

第七，设置鼠标悬停在列表项<li>上时<li>样式的改变效果，样式代码如下：

```
nav ul li:hover{
    background:#c81623;
```

```
    border-radius:0;
}
```

第八，设置鼠标悬停在列表项<li>上时<span>样式的改变效果，样式代码如下：

```
nav ul li:hover span{
    background:#c81623;
    right:35px;
}
```

至此，样式设置完毕。

(6) 给 HTML5 标签赋予 CSS3 样式名称。

在 HTML5 文档中，设置标签的 class 属性，使 class 的值对应 CSS 样式中的类选择器，如果使用的是标签选择器，则不用设置。具体代码如下：

```
<nav>
    <ul>
        <li><img src="images/ico71.png"><span>京东会员</span></li>
        <li><img src="images/ico72.png"><span>购物车</span></li>
        <li><img src="images/ico73.png"><span>我的关注</span></li>
        <li><img src="images/ico74.png"><span>我的足迹</span></li>
        <li><img src="images/ico75.png"><span>我的消息</span></li>
        <li><img src="images/ico76.png"><span>咨询 JIMI</span></li>
    </ul>
    <ul class="bottomnav">
        <li><img src="images/ico77.png"><span>顶部</span></li>
        <li><img src="images/ico78.png"><span>反馈</span></li>
    </ul>
</nav>
```

以上灰色的底色部分就是赋予标签 class 属性和值，使该标签使用该值对应的样式，值得指出的是 class 属性可以使用多个值，多个值用空格分开即可。

(7) 保存后，在 Chrome 浏览器中预览，效果如图 4-58 所示。

图 4-58　京东首页右侧导航栏实践效果

本网页的全部 HTML5 代码如下：

```
<!DOCTYPE HTML>
<html>
<head>
<meta charset="utf-8">
<title>京东侧边栏固定导航</title>
<link href="css/css4-5-2.css" rel="stylesheet" type="text/css" /><style type="text/css">
</style>
</head>

<body>
  <nav>
        <ul>
            <li><img src="images/ico71.png"><span>京东会员</span></li>
            <li><img src="images/ico72.png"><span>购物车</span></li>
            <li><img src="images/ico73.png"><span>我的关注</span></li>
            <li><img src="images/ico74.png"><span>我的足迹</span></li>
            <li><img src="images/ico75.png"><span>我的消息</span></li>
            <li><img src="images/ico76.png"><span>咨询 JIMI</span></li>
        </ul>
         <ul class="bottomnav">
            <li><img src="images/ico77.png"><span>顶部</span></li>
            <li><img src="images/ico78.png"><span>反馈</span></li>
        </ul>
  </nav>
</body>
</html>
```

本网页的全部 CSS3 代码如下：

```
@charset "utf-8";
/* CSS Document */

*{
    margin:0;
    padding:0;
    font-size:13px;
    box-sizing:border-box;
    list-style:none;
}
nav{
```

```
    width:8px;
    height:100%;
    background:#7a6e6e;
    position:fixed;
    right:0px;
    top:0px;
}
nav ul{
    position:absolute;
    right:0px;
    bottom:30%;
}
nav ul.bottomnav{
    bottom:1%;
}
nav ul li{
    position:relative;
    height:35px;
    background:#7a6e6e;
    margin:1px 0px;
    border-radius:3px 0px 0px 3px;
    transition: all 1s;
}
nav ul li span{
    position:absolute;
    right:-60px;
    top:0px;
    z-index:-1;
    line-height:35px;
    text-align:center;
    padding-left:10px;
    padding-right:10px;
    color:#ffffff;
    white-space:nowrap;
    border-radius:3px 0px 0px 3px;
    transition: all 1s;
}
nav ul li:hover{
    background:#c81623;
```

```
    border-radius:0;
}
nav ul li:hover span{
    background:#c81623;
    right:35px;
}
```

4.5.5 技能拓展

(1) 使用定位和布局制作多样化的“商品陈列展示”，效果如图 4-59 所示。

图 4-59 商品陈列展示效果

(2) 使用定位和布局制作“商品类目导航”，网页刚载入时效果如图 4-60 所示。当鼠标停留在一级导航时，弹出二级导航分类，效果如图 4-61 和图 4-62 所示。

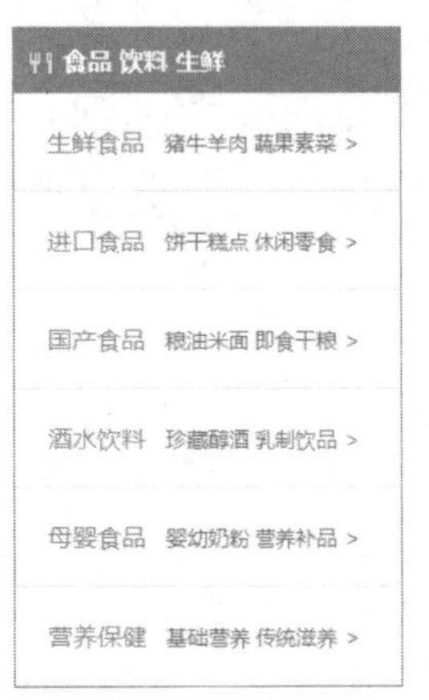

图 4-60 网页载入时效果

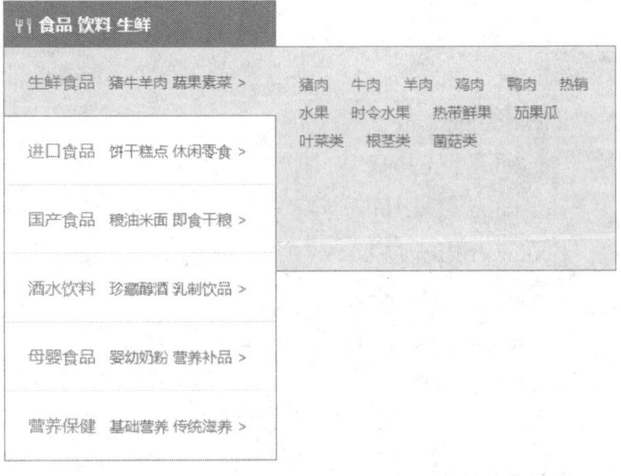

图 4-61 鼠标停留在第一个一级分类时的效果

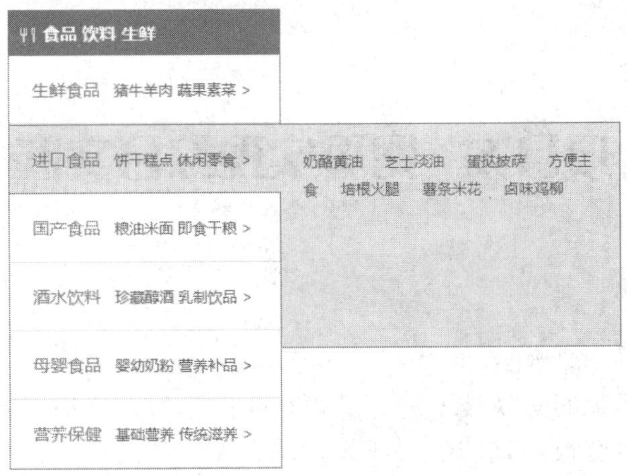

图 4-62　鼠标停留在第二个一级分类时的效果

商品类目文字如下：

生鲜食品 猪牛羊肉 蔬果素菜 > 猪肉 牛肉 羊肉 鸡肉 鸭肉 热销水果 时令水果 热带鲜果 茄果瓜 叶菜类 根茎类 菌菇类

进口食品 饼干糕点 休闲零食 > 奶酪黄油 芝士淡油 蛋挞披萨 方便主食 培根火腿 薯条米花 卤味鸡柳

国产食品 粮油米面 即食干粮 > 东北大米 南方黏米 西北蛋面 玉米粉面 金龙鱼油 鲁花香油 即食鱼干

酒水饮料 珍藏醇酒 乳制饮品 > 茅台 五粮液 剑南春 古井贡酒 泸州老窖 洋河大曲 果汁饮料 乳酸菌 酸奶

母婴食品 婴幼奶粉 营养补品 > 1 段奶粉 2 段奶粉 3 段奶粉 4 段奶粉 德国奶粉 新西兰奶粉 果泥 面条

营养保健 基础营养 传统滋养 > 老年奶粉 麦片 荞麦粉 燕窝 养生饮品 山药 野生菌 新生蛋

项目 5 网页实现综合实践

项目导入

前一项目中对网页的实现技术进行了模块化的学习，掌握了各个任务的基础知识和基本操作，如何整合模块化的学习成果，综合实践项目的案例学习是较快较好的选择。因此，在本项目中，从综合应用出发，提出综合实践案例，掌握项目复杂任务的整合方法。

本书主要从商务网页设计的两个对象——网店网页和网页实现进行项目实践。在项目 3 中安排了网店网页的综合实践，本项目安排了一个任务进行网页实现的综合案例实践。

项目任务

任务 5.1 B2C 商务网页实现综合实践案例

任务 5.1 B2C 商务网页实现综合实践案例

5.1.1 任务目标

本任务的主要学习目标为：

(1) 加深了解 HTML5 + CSS3 的综合知识；

(2) 掌握综合知识在商务网页设计中的灵活运用；

(3) 掌握 B2C 商务网页首页的实现应用；

(4) 通过案例的学习掌握商务网页设计的基本思路。

5.1.2 任务分析

在本任务中，以 B2C 商务网页首页的设计与制作作为案例，综合运用 HTML5 和 CSS3 的技术，根据效果图和提供的素材完成首页实现，并且能够通过浏览器正常浏览首页效果。

通过综合案例的学习，掌握盒子模型、超链接、列表、动画、表单、定位和布局等知识在一个网页中的综合实现应用，通过任务实践熟练应用设置方法，从而能够灵活使用 HTML5 + CSS3 进行商务网页的整体实现。

5.1.3 知识准备

综合理解前面任务中的盒子模型、超链接、列表、动画、表单、定位和布局等知识点。除此之外，还需要了解商务网页的网页结构、样式结构和布局流。

1. 网页结构

总体上，网页的结构划分为网页的页头、导航、节、模块和页底。页头用<header>标签定义，导航用<nav>标签定义，节用<section>标签定义，模块用<div>标签定义，页底用<footer>标签定义。各标签里面的内容根据不同版式采用列表、标题、段落、文本域、超链接、表单、图像、音频、视频等对应的标签定义。根据以上结构在 HTML5 文件中编写对应的标签、文字、媒体等内容，从而完成网页结构部分的设计。

2. 样式结构

网页的结构确定了网页呈现的内容，而网页呈现的效果通过 CSS3 样式实现。往往根据网页结构中定义各个部分的元素来命名样式名称，然后根据网页呈现效果设置元素对应的属性和属性值。属性主要包括元素的盒子模型样式、文本样式、动画样式和特殊样式等，其中盒子模型样式主要包括外边距、内边距、边框、背景、浮动和定位等。根据以上规则在 CSS3 文件中编写对应的样式名称、属性和属性值等内容，从而完成网页样式部分的设计。

最后在 HTML5 文件中链入 CSS3 样式文件，实现网页的呈现效果。

3. 布局流

通过以下四步确定多样化商务网页的布局流。

(1) 确定网页的核心组成，即确定网页的页头、导航、节和页底。

(2) 自上而下分析网页中的行模块。

(3) 对每一个行模块，从左到右分析列模块。

(4) 运用标签定义各个模块的结构。

(5) 运用盒子模型的样式属性控制各个模块的布局位置。

5.1.4 任务实践

实践 B2C 商务网页实现

本实践做出如下效果，通过 Chrome 浏览器预览测试，如图 5-1 所示。

具体实现步骤如下：

(1) 新建 HTML5 文档，保存为“page5-1-1.html”。将 HTML5 文档保存在目录“chapter05”下。

(2) 新建 CSS3 样式文件，保存为“css5-1-1.css”。将 CSS3 文档保存在 “chapter05”的“css”目录下。

(3) 建立 HTML5 和 CSS3 的文件关联。在 page5-1-1.html 的<head></head>标签之间增加关联代码，如下：

```
<link href="css/css5-1-1.css" rel="stylesheet" type="text/css" />
```

图 5-1 B2C 商务网页效果图

(4) 使用 HTML5 标签设计页面结构。

根据效果图，对页面结构作如下分析：首先我们把网页划分为四类核心组成部分，分别是页头、导航、节和页底，对应标签分别为<header>、<nav>、<section>、<footer>，其中，一个网页由多个节(section)组成。结构分析如图 5-2 所示。

图 5-2　结构分析图

然后将每一个核心组成部分，作为一个子任务，自上而下、从左到右分析模块。比如，对于页头<header>的结构分析如图 5-3 所示。

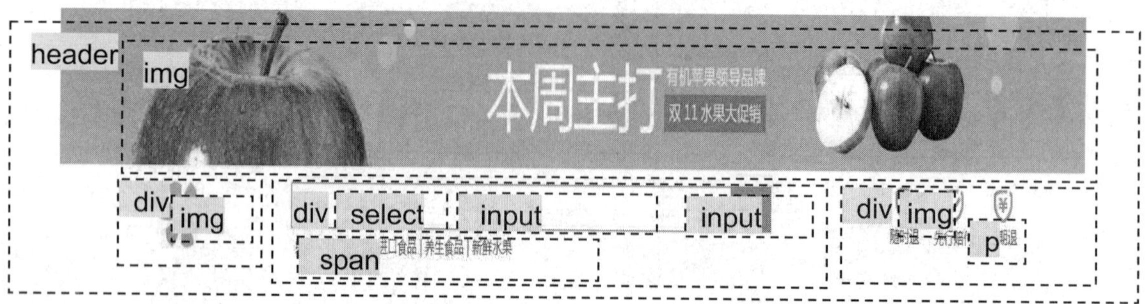

图 5-3 页头<header>结构分析图

在以下步骤中以页头为例讲解，其他核心组成部分不再详述，在步骤的最后给出实现网页的全部 HTML5 和 CSS3 代码。

根据页头分析结果，在<body></body>之间添加页头的标签和内容，代码如下：

```
<header>
    <img src="images/adv02.png"/>
    <div><img src="images/logo.png"/></div>
    <div>
        <form action="#" method="post">
            <select name="searchtype">
                <option value="commodity" selected />商品</option>
                <option value="store" />店铺</option>
                <option value="brand" />品牌</option>
            </select>
            <input list="s" name="seachtext"/>
            <datalist id="s">
                <option label="新增万件" value="无人机"/>
                <option label="千家品质店" value="无人机店铺" />
                <option label="万个热销品牌" value="大疆无人机品牌" />
                <option label="..." value="......" />
            </datalist>
            <input type="image" src="images/ico6.png" name="submit">
        </form>
        <span>红橙 | 奶粉 | 糕点 | 进口食品 | 养生 | 水果</span>
    </div>
    <div>
        <img src="images/ico21.png"/><p>随时退</p>
        <img src="images/ico22.png"/><p>先行赔付</p>
```

```
        <img src="images/ico23.png"/><p>过期退</p>
    </div>
    <div></div>        <!—说明：这个 div 是用于设置页头的通栏背景-->
</header>
```

在浏览器中预览效果如图 5-4 所示。

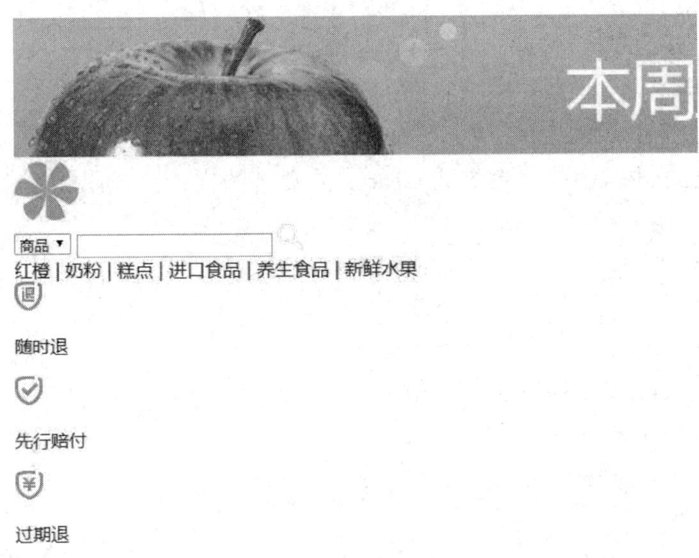

图 5-4　结构预览图

(5) 使用 CSS3 设置样式。

第一，设置通用样式。该样式对所有标签元素均有效。代码如下：

```
*{
    margin:0;                  /*设置所有元素内的外边距*/
    padding:0;                 /*设置所有元素内的内边距*/
    font-size:13px;            /*设置所有元素内的文本字号*/
    box-sizing:border-box;     /*设置所有元素内的文本字号*/
    list-style:none;           /*设置所有元素的宽度包括边框和内边距*/
    color:#666666;             /*设置所有元素内的文本颜色*/
}
```

第二，同时设置<header>、<nav>、<section>和<footer>标签的样式，因为这四个网页的核心组成具有大多数相同的样式，代码如下：

```
header,nav,section,footer{
    width:1200px;              /*设置元素的宽度*/
    margin:0px auto;           /*设置元素的外边距，auto 表现为居中对齐*/
    padding:0;                 /*设置元素的内边距*/
    clear:both;                /*设置元素清除左右两个方向的浮动*/
}
```

第三，设置<header>中所有<div>标签的样式，代码如下：

```
header div{
    padding:10px 0px;          /*设置盒子的内边距*/
}
```

第四，设置<header>中类名命名为 .logo 的盒子的样式，代码如下：

```
header .logo{
    padding-left:50px;                /*设置盒子的左内边距*/
    float:left;                       /*设置盒子的左浮动*/
}
```

第五，设置<header>中类名命名为 .search 的盒子的样式，代码如下：

```
header .search{
    padding-left:120px;               /*设置盒子的左内边距*/
    float:left;                       /*设置盒子的左浮动*/
}
```

第六，设置<header>中 .search 里面的<form>标签的样式，代码如下：

```
header .search form{
    border:1px solid #ef6d2f;         /*设置表单的边框*/
}
```

第七，设置<header>中 .search 里面的类名命名为 .list 的表单元素的样式，代码如下：

```
header .search form .list{
    width:80px;                       /*设置表单元素的宽度*/
    height:28px;                      /*设置表单元素的高度*/
    border:0px;                       /*设置表单元素的边框*/
    border-right:1px solid #ececec;   /*设置表单元素的右边框*/
}
```

第八，设置<header>中 .search 里面的类名命名为 .s 的表单元素的样式，代码如下：

```
header .search form .s{
    width:500px;                      /*设置表单元素的宽度*/
    height:35px;                      /*设置表单元素的高度*/
    border:0px;                       /*设置表单元素的边框*/
}
```

第九，设置<header>中 .search 里面的类名命名为 .submit 的表单元素的样式，代码如下：

```
header .search form .submit{
    background:#ef6d2f;               /*设置表单元素的背景颜色*/
    padding:6px 15px;                 /*设置表单元素的内边距*/
    float:right;                      /*设置表单元素右浮动*/
}
```

第十，设置<header>中.search 里面的<span>标签的样式，代码如下：

```
header .search span{
    display:block;              /*设置文本元素的块级显示状态*/
    padding:5px 0px 0px 5px;    /*设置文本元素的内边距*/
}
```

第十一，设置<header>中类名命名为.aftersales 的盒子的样式，代码如下：

```
header .aftersales{
    float:right;            /*设置盒子右浮动*/
    column-count:3;         /*设置盒子内的内容分 3 列布局*/
    text-align:center;      /*设置盒子内的文本对齐方式*/
}
```

第十二，设置<header>中类名命名为.headerbg 的盒子的样式，这里的.headerbg 是页头的通栏背景，代码如下：

```
header .headerbg{
    width:100%;             /*设置盒子的通栏宽度*/
    height:125px;           /*设置盒子的高度*/
    background:#e89aa5;     /*设置盒子的背景颜色*/
    position:absolute;      /*设置盒子的绝对定位*/
    top:0px;                /*设置盒子绝对定位的上方位置*/
    left:0px;               /*设置盒子绝对定位的左方位置*/
    z-index:-999;           /*设置盒子叠加的排列顺序，-999 表示该盒子几乎排列在最后面*/
}
```

至此，页头 header 样式设置完毕。

(6) 给 HTML5 标签赋予 CSS3 样式名称。

在 HTML5 文档中，设置标签的 class 属性，使 class 的值对应 CSS 样式中的类选择器，如果使用的是标签选择器，则不用设置。具体代码如下：

```
<header>
        <img src="images/adv02.png"/>
        <div class="logo"><img src="images/logo.png"/></div>
        <div class="search">
            <form action="#" method="post">
                <select class="list" name="searchtype">
                    <option value="commodity" selected />商品</option>
                    <option value="store" />店铺</option>
                    <option value="brand" />品牌</option>
                </select>
                <input class="s" list="s" name="seachtext"/>
                <datalist id="s">
```

```
            <option label="新增万件" value="无人机"/>
            <option label="千家品质店" value="无人机店铺" />
            <option label="万个热销品牌" value="大疆无人机品牌" />
            <option label="..." value="......" />
        </datalist>
        <input type="image" src="images/ico6.png" name="submit" class="submit">
        </form>
        <span>红橙 | 奶粉 | 糕点 | 进口食品 | 养生 | 水果</span>
    </div>
    <div class="aftersales">
        <img src="images/ico21.png"/><p>随时退</p>
        <img src="images/ico22.png"/><p>先行赔付</p>
        <img src="images/ico23.png"/><p>过期退</p>
    </div>
    <div class="headerbg"></div>
</header>
```

以上灰色底色部分就是赋予标签 class 属性和值，使该标签使用该值对应的样式，值得指出的是 class 属性可以使用多个值，多个值用空格分开即可。

(7) 保存后，在 Chrome 浏览器中预览，效果如图 5-5 所示。

图 5-5 页头 header 部分的实践效果

(8) 导航 nav、节 section 和页底 footer 这里就不再详述了，参照 header 的方法进行结构分析、结构设计和样式设置。下面直接给出本网页的全部 HTML5 代码，具体如下：

```
<!DOCTYPE HTML>
<html>
<head>
<meta charset="utf-8">
<title>B2C 网站首页</title>
<link href="css/css5-3-1.css" rel="stylesheet" type="text/css" />
</head>
```

```
<body>
<header>
<img src="images/adv02.png"/>
    <div class="logo"><img src="images/logo.png"/></div>
    <div class="search">
    <form action="#" method="post">
            <select class="list" name="searchtype">
            <option value="commodity" selected />商品</option>
                <option value="store" />店铺</option>
                <option value="brand" />品牌</option>
            </select>
            <input class="s" list="s" name="seachtext"/>
            <datalist id="s">
                <option label="新增万件" value="无人机"/>
                <option label="千家品质店" value="无人机店铺" />
                <option label="万个热销品牌" value="大疆无人机品牌" />
                <option label="..." value="......" />
            </datalist>
            <input type="image" src="images/ico6.png" name="submit" class="submit">
        </form>
        <span>红橙 | 奶粉 | 糕点 | 进口食品 | 养生食品 | 新鲜水果</span>
    </div>
    <div class="aftersales">
    <img src="images/ico21.png"/><p>随时退</p>
        <img src="images/ico22.png"/><p>先行赔付</p>
        <img src="images/ico23.png"/><p>过期退</p>
    </div>
    <div class="headerbg"></div>
</header>
<nav>
<div class="category">
        <h1>食品 饮料 生鲜</h1>
        <ul>
            <li>生鲜食品<span>猪牛羊肉 蔬果素菜 ></span>
                <div class="subcategory">
                    <a href="#">猪肉</a>
                    <a href="#">牛肉</a>
                    <a href="#">羊肉</a>
                    <a href="#">鸡肉</a>
```

```
            <a href="#">鸭肉</a>
            <a href="#">热销水果</a>
            <a href="#">时令水果</a>
            <a href="#">热带鲜果</a>
            <a href="#">茄果瓜</a>
            <a href="#">叶菜类</a>
            <a href="#">根茎类</a>
            <a href="#">菌菇类</a>
        </div>
    </li>
    <li>进口食品<span>饼干糕点 休闲零食 ></span>
        <div class="subcategory">
            <a href="#">奶酪黄油</a>
            <a href="#">芝士淡油</a>
            <a href="#">蛋挞披萨</a>
            <a href="#">方便主食</a>
            <a href="#">培根火腿</a>
            <a href="#">薯条米花</a>
            <a href="#">卤味鸡柳</a>
        </div>
    </li>
    <li>国产食品<span>粮油米面 即食干粮 ></span>
        <div class="subcategory">
            <a href="#">东北大米</a>
            <a href="#">南方黏米</a>
            <a href="#">西北蛋面</a>
            <a href="#">玉米粉面</a>
            <a href="#">金龙鱼油</a>
            <a href="#">鲁花香油</a>
            <a href="#">即食鱼干</a>
        </div>
    </li>
    <li>酒水饮料<span>珍藏醇酒 乳制饮品 ></span>
        <div class="subcategory">
            <a href="#">茅台</a>
            <a href="#">五粮液</a>
            <a href="#">剑南春</a>
            <a href="#">古井贡酒</a>
            <a href="#">泸州老窖油</a>
```

```
                    <a href="#">洋河大曲</a>
                    <a href="#">果汁饮料</a>
                    <a href="#">乳酸菌</a>
                    <a href="#">酸奶</a>
                </div>
            </li>
            <li>母婴食品<span>婴幼奶粉 营养补品 ></span>
                <div class="subcategory">
                    <a href="#">1 段奶粉</a>
                    <a href="#">2 段奶粉</a>
                    <a href="#">3 段奶粉</a>
                    <a href="#">4 段奶粉</a>
                    <a href="#">德国奶粉</a>
                    <a href="#">新西兰奶粉</a>
                    <a href="#">果泥</a>
                    <a href="#">面条</a>
                </div>
            </li>
            <li>营养保健<span>基础营养 传统滋养 ></span>
                <div class="subcategory">
                    <a href="#">老年奶粉</a>
                    <a href="#">麦片</a>
                    <a href="#">荞麦粉</a>
                    <a href="#">燕窝</a>
                    <a href="#">养生饮品</a>
                    <a href="#">山药</a>
                    <a href="#">野生菌</a>
                    <a href="#">新生蛋</a>
                </div>
            </li>
        </ul>
    </div>
    <div class="navigator">
    <a href="#">首页</a>
        <a href="#">品牌</a>
        <a href="#">商家</a>
        <a href="#">团购</a>
    </div>
    <div class="mainsales">
```

```
            <dl>
                <dt>
                    <img src="images/pro002.png">
                </dt>
                <dd><h3>混合果泥新上市</h3></dd>
                <dd>适合 24 周以上宝宝</dd>
                <dd class="price">￥40.00/箱/10 包</dd>
                <dd class="bt">立即团></dd>
                <dd>已售 1265</dd>
    </dl>
    </div>
        <div class="navbg"></div>
    </nav>

    <section class="floor1">
    <ol>
            <li class="ico">1F</li>
            <li class="topcategory">生鲜食品</li>
            <li>
            <a href="#" class="active">本期主打</a>
            <a href="#">有机厨房</a>
           <a href="#">新鲜果品</a>
           <a href="#">绿茶花草</a>
           </li>
        </ol>
        <div>
            <img src="images/pro006.png"/>
            <dl>
                <dt><img src="images/pro007.png"/><dt>
                <dd><h3>百果之冠  福建冷鲜荔枝</h3><dd>
                <dd>妃子笑白糖</dd>
                <dd>孕妇水果 3 斤</dd>
                <dd class="price">￥39.00</dd>
                <dd class="lastprice">￥50.00</dd>
                <dd class="goto">去看看</dd>
            </dl>
        </div>
        <div>
            <ul>
```

```
        <li>
            <figure><img src="images/pro012.png"/></figure>
            <h3>白耗牛</h3>
            <p>有机新鲜无公害牛肉</p>
            <span class="price">￥58.00</span>
        </li>
        <li>
            <figure><img src="images/pro013.png"/></figure>
            <h3>澳洲进口牛腱肉</h3>
            <p>真空包装 2 斤</p>
            <span class="price">￥105.00</span>
        </li>
        <li>
            <figure><img src="images/pro014.png"/></figure>
            <h3>巴西进口牛肉粒</h3>
            <p>牛肉块雪花牛肉粒 1 斤</p>
            <span class="price">￥109.00</span>
        </li>
        <li>
            <figure><img src="images/pro001.png"/></figure>
            <h3>美国进口脐橙</h3>
            <p>超甜多汁 5 斤</p>
            <span class="price">￥89.00</span>
        </li>
        <li>
            <figure><img src="images/pro008.png"/></figure>
            <h3>夏威夷进口木瓜</h3>
            <p>热带水果牛奶木瓜 5 斤</p>
            <span class="price">￥44.00</span>
        </li>
        <li>
            <figure><img src="images/pro009.png"/></figure>
            <h3>墨西哥进口牛油果</h3>
            <p>新鲜鳄梨宝宝辅食 8 个</p>
            <span class="price">￥45.00</span>
        </li>
    </ul>
</div>
<div>
```

```
            <dl class="s3">
                <dt><img src="images/pro015.png"/><dt>
                <dd>烧烤牛肉串<dd>
                <dd>雪花牛肉粒</dd>
                <dd>新鲜冷链直供 1 斤</dd>
                <dd class="price">￥90.00</dd>
                <dd class="lastprice">￥110.00</dd>
                <dd class="goto">去看看</dd>
            </dl>
            <dl class="s3">
                <dt><img src="images/pro010.png"/><dt>
                <dd>陕西苹果红富士<dd>
                <dd>产地直销水果 10 斤</dd>
                <dd>80#果</dd>
                <dd class="price">￥50.00</dd>
                <dd class="lastprice">￥70.00</dd>
                <dd class="goto">去看看</dd>
            </dl>
            <dl class="s3">
                <dt><img src="images/pro005.png"/><dt>
                <dd>智利进口粉红佳人苹果<dd>
                <dd>新鲜酸甜 10 斤</dd>
                <dd>产地直采</dd>
                <dd class="price">￥80.00</dd>
                <dd class="lastprice">￥95.00</dd>
                <dd class="goto">去看看</dd>
            </dl>
            <img src="images/pro033.png"/>
        </div>
    </section>
    <section class="floor2">
    <ol>
            <li class="ico">2F</li>
            <li class="topcategory">进口食品</li>
            <li>
            <a href="#" class="active">本期主打</a>
            <a href="#">饼干食品</a>
            <a href="#">酒水饮料</a>
            <a href="#">休闲零食</a>
```

```
        </li>
    </ol>
    <div>
        <img src="images/pro016.png"/>
        <dl>
            <dt><img src="images/pro017.png"/><dt>
            <dd><h3>皇冠丹麦风味曲奇饼干</h3><dd>
            <dd>来自欧洲顶级特产</dd>
            <dd>礼盒装 908 克</dd>
            <dd class="price">￥48.00</dd>
            <dd class="lastprice">￥80.00</dd>
            <dd class="goto">去看看</dd>
        </dl>
    </div>
    <div>
        <ul>
            <li>
                <figure><img src="images/pro018.png"/></figure>
                <h3>英国进口 Cow&Gate</h3>
                <p>牛栏婴幼儿 3 段奶粉</p>
                <span class="price">￥105.00</span>
            </li>
            <li>
                <figure><img src="images/pro019.png"/></figure>
                <h3>德国进口欧德宝全脂牛奶</h3>
                <p>超高温灭菌 1 升 12 盒</p>
                <span class="price">￥120.00</span>
            </li>
            <li>
                <figure><img src="images/pro020.png"/></figure>
                <h3>马来西亚进口饼干</h3>
                <p>贝鲁斯干酪乳酪圈</p>
                <span class="price">￥29.90</span>
            </li>
            <li>
                <figure><img src="images/pro021.png"/></figure>
                <h3>澳大利亚进口德运纯牛奶</h3>
                <p>全脂牛奶 200 毫升 24 盒</p>
                <span class="price">￥86.90</span>
```

```
            </li>
            <li>
                <figure><img src="images/pro020.png"/></figure>
                <h3>德国原装进口</h3>
                <p>奇奥烤干酪玉米片</p>
                <span class="price">￥9.90</span>
            </li>
            <li>
                <figure><img src="images/pro021.png"/></figure>
                <h3>印尼进口虾组合</h3>
                <p>共 3 种口味小吃</p>
                <span class="price">￥29.90</span>
            </li>
        </ul>
    </div>
    <div>
        <dl class="s3">
            <dt><img src="images/pro024.png"/><dt>
            <dd>堂吉世家莫斯卡托<dd>
            <dd>起泡葡萄酒</dd>
            <dd>750 毫升共 6 瓶</dd>
            <dd class="price">￥219.00</dd>
            <dd class="lastprice">￥428.00</dd>
            <dd class="goto">去看看</dd>
        </dl>
        <dl class="s3">
            <dt><img src="images/pro025.png"/><dt>
            <dd>墨西哥原装进口<dd>
            <dd>Cornoa/科罗娜啤酒</dd>
            <dd>330 毫升共 24 瓶</dd>
            <dd class="price">￥209.00</dd>
            <dd class="lastprice">￥310.00</dd>
            <dd class="goto">去看看</dd>
        </dl>
        <dl class="s3">
            <dt><img src="images/pro026.png"/><dt>
            <dd>乌克兰进口零食品<dd>
            <dd>如胜樱桃皇后酒心巧克力</dd>
            <dd>145 克礼物礼盒装</dd>
```

```
            <dd class="price">￥59.90</dd>
            <dd class="lastprice">￥70.00</dd>
            <dd class="goto">去看看</dd>
        </dl>
        <img src="images/pro034.png"/>
    </div>
</section>
<section class="floor3">
<ol>
        <li class="topcategory">清仓  A clearance</li>
    </ol>
    <div class="d1">
        <dl class="s3">
            <dt><img src="images/pro011.png"/><dt>
            <dd>安岳一级黄柠檬<dd>
            <dd>皮薄多汁当季现摘</dd>
            <dd>共 12 个</dd>
            <dd class="price">￥19.90</dd>
            <dd class="lastprice">￥38.00</dd>
        </dl>
        <dl class="s3">
            <dt><img src="images/pro028.png"/><dt>
            <dd>日本进口饼干<dd>
            <dd>三立夹心饼干大礼包</dd>
            <dd>302 克休闲零食</dd>
            <dd class="price">￥49.90</dd>
            <dd class="lastprice">￥56.00</dd>
        </dl>
        <dl class="s3">
            <dt><img src="images/pro027.png"/><dt>
            <dd>马来西亚进口可康<dd>
            <dd>多口味软糖果</dd>
            <dd>单罐装 500 克</dd>
            <dd class="price">￥26.00</dd>
            <dd class="lastprice">￥52.00</dd>
        </dl>
        <dl class="s3">
            <dt><img src="images/pro029.png"/><dt>
            <dd>美国进口 Ocean Spray<dd>
```

```
                <dd>鲜沛蔓越莓干</dd>
                <dd>1360 克烘培零食</dd>
                <dd class="price">￥79.90</dd>
                <dd class="lastprice">￥90.00</dd>
            </dl>
        </div>
        <div>
            <ul>
                <li>
                    <figure><img src="images/pro030.png"/></figure>
                    <h3>俄罗斯进口斯拉夫酸奶味</h3>
                    <p>1000 克零食大礼包</p>
                    <span class="price">￥59.00</span>
                    <p class="lastprice">￥90.00</p>
                    <span class="goto">去看看</span>
                </li>
                <li>
                    <figure><img src="images/pro031.png"/></figure>
                    <h3>台湾进口零食 77 牌松塔</h3>
                    <p>3 口味 25 粒蜜兰诺大礼包</p>
                    <span class="price">￥49.90</span>
                    <p class="lastprice">￥56.00</p>
                    <span class="goto">去看看</span>
                </li>
                <li>
                    <figure><img src="images/pro032.png"/></figure>
                    <h3>比利时 LOTUS 焦糖饼干</h3>
                    <p>312.5g 咖啡伴侣小吃</p>
                    <span class="price">￥20.00</span>
                    <p class="lastprice">￥30.00</p>
                    <span class="goto">去看看</span>
                </li>
            </ul>
        </div>
    </section>
    <footer>
    <ul>
        <li><img src="images/ico31.png"/>正品保障</li>
            <li><img src="images/ico32.png"/>七天包退</li>
```

```
            <li><img src="images/ico33.png"/>好评如潮</li>
            <li><img src="images/ico34.png"/>权威荣誉</li>
        </ul>
        <dl>
        <dt>新手上路</dt>
        <dd>&gt;售后流程</dd>
                <dd>&gt;购物流程</dd>
                <dd>&gt;订购方式</dd>
                <dd>&gt;隐私声明</dd>
            <dt>配送中心</dt>
            <dd>&gt;货到付款区域</dd>
                <dd>&gt;配送支付智能查询</dd>
                <dd>&gt;支付方式说明</dd>
                <dd>&gt;配送支付费用</dd>
            <dt>会员中心</dt>
            <dd>&gt;个人资料</dd>
                <dd>&gt;资金管理</dd>
                <dd>&gt;我的收藏</dd>
                <dd>&gt;我的订单</dd>
            <dt>服务保证</dt>
            <dd>&gt;退换货原则</dd>
                <dd>&gt;售后服务保证</dd>
                <dd> </dd>
                <dd> </dd>
    <dt>联系我们</dt>
            <dd>&gt;网站故障报告</dd>
                <dd>&gt;选购咨询</dd>
                <dd>&gt;投诉与建议</dd>
                <dd>&gt;产品质量保证</dd>
        </dl>
        <p>版权所有@vastcn@126.com</p>
    </footer>
    </body>
    </html>
```

本网页的全部 CSS3 代码如下：

```
@charset "utf-8";
/* CSS Document */


/*通用设置开始*/
```

```
*{
    margin:0;
    padding:0;
    font-size:13px;
    box-sizing:border-box;
    list-style:none;
    color:#666666;
}
/*通用设置结束*/
/*全局设置开始*/
header,nav,section,footer{
    width:1200px;
    margin:0px auto;
    padding:0;
    clear:both;
}
/*全局设置结束*/
/*header 设置开始*/
header div{
    padding:10px 0px;
}
header .logo{
    padding-left:50px;
    float:left;
}
header .search{
    padding-left:120px;
    float:left;
}
header .search form{
    border:1px solid #ef6d2f;
}
header .search form .list{
    width:80px;
    height:28px;
    border:0px;
    border-right:1px solid #ececec;
}
header .search form .s{
```

```
    width:500px;
    height:35px;
    border:0px;
}
header .search form .submit{
    background:#ef6d2f;
    padding:6px 15px;
    float:right;
}
header .search span{
    display:block;
    padding:5px 0px 0px 5px;
}
header .aftersales{
    float:right;
    column-count:3;
    text-align:center;
}
header .headerbg{
    width:100%;
    height:125px;
    background:#e89aa5;
    position:absolute;
    top:0px;
    left:0px;
    z-index:-999;
}
/*header 设置结束*/
/*nav 设置开始*/
nav div{
    float:left;
}
nav .category{
    width:240px;
    border:1px solid #ef6d2f;
    background:#ef6d2f;
}
nav .category h1{
    color:#ffffff;
```

```
    padding-left:20px;
    font-size:15px;
    background:url(../images/ico1.png) no-repeat 0 5px;
    margin:10px;
}
nav .category ul{
    background:#ffffff;
}
nav .category ul li{
    font-size:15px;
    color:#ef6d2f;
    border-top:1px solid #ffffff;
    border-bottom:1px solid #ececec;
    padding:20px;
    padding-right:5px;
    position:relative;
}
nav .category ul li span{
    font-size:13px;
    color:#7f7f7f;
    margin:12px;
}
nav .category .subcategory{
    display:none;
    position:absolute;
    top:-1px;
    left:239px;
    background:#ececec;
    width:300px;
    height:200px;
    border:1px solid #ef6d2f;
    border-left:0px;
    padding:20px;
    font-size:13px;
}
nav .category .subcategory a{
    text-decoration:none;
    padding-right:16px;
    line-height:25px;
```

```
    color:#7f7f7f;
}
nav .category .subnav a:hover{
    color:#ef6d2f;
}
nav .category ul li:hover{
    background:#ececec;
    width:250px;
    border-bottom:1px solid #ef6d2f;
    border-top:1px solid #ef6d2f;
}
nav .category ul li:hover .subcategory{
    display:block;
    z-index:100;
}
nav .navigator{
    padding-left:20px;
}
nav .navigator a{
    font-size:16px;
    font-weight:bold;
    display:inline-block;
    padding:5px;
    text-decoration:none;
}
nav .navigator a{
    font-size:16px;
    color:#333333;
    display:inline-block;
    padding:8px 20px;
    text-decoration:none;
}
nav .navigator a:hover{
    background:#ececec;
    border-radius:5px;
}
nav .mainsales{
    width:950px;
    height:370px;
```

```
    margin:5px 0px 0px 10px;
    background:url(../images/adv03.png) no-repeat #ffcccb;
}
nav .mainsales dl{
    width:190px;
    float:right;
    margin:10px;
    border:1px solid #cccccc;
    padding:15px;
    text-align:center;
    line-height:25px;
    border-radius:10px;
    background:#efefef;
}
nav .mainsales dl dt{
    width:160px;
    height:160px;
    padding:8px;
    border:1px solid #cccccc;
    border-radius:160px;
    background:#ffffff;
}
nav .mainsales dl .bt{
    width:80px;
    border-radius:5px;
    background:#ff3300;
    color:#ffffff;
    margin:auto;
}
nav .mainsales dl .price{
    color:#ff0000;
}
nav .navbg{
    width:100%;
    height:372px;
    background:#ffcccb;
    position:absolute;
    top:250px;
    left:0px;
```

```
    z-index:-999;
}
/*nav 设置结束*/
/*section 设置开始*/
section{
    padding-top:20px;
}
section ol{
    height:50px;
    line-height:50px;
    border-bottom:1px solid #ef6d2f;
}
section ol li{
    display:inline-block;
}
section ol li.ico{
    background:#ef6d2f;
    color:#fefefe;
    font-size:32px;
    font-weight:bold;
    padding:0px 12px;
}
section ol li.topcategory{
    font-size:20px;
    font-weight:bold;
    padding:0px 60px;
}
section ol li a{
    text-decoration:none;
    color:#666666;
    font-size:16px;
    padding:6px 16px;
    border:1px solid #ffffff;
    border-bottom:0px solid #ffffff;
}
section ol li a:hover{
    color:#ef6d2f;
    border:1px solid #ef6d2f;
    border-bottom:2px solid #ffffff;
```

```
}
section ol li a.active{
    color:#ef6d2f;
    border:1px solid #ef6d2f;
    border-bottom:2px solid #ffffff;
}
section dl{
    border:1px solid #d2d2d2;
    padding:10px;
    position:relative;
}
section div{
    float:left;
    margin:10px 10px 0px 0px;
}
section dl dt{
    float:left;
    padding-right:10px;
}
section dl dd{
    line-height:20px;
}
section ul{
    width:525px;
}
section ul li{
    border:1px solid #d2d2d2;
    padding:10px;
    margin-right:-1px;
    margin-bottom:-1px;
    float:left;
    width:175px;
    line-height:22px;
    position:relative;
}
section ul li figure{
    text-align:center;
    height:164px;
}
```

```
section dl.s3{
    width:320px;
    margin-bottom:10px;
}
section.floor3 ol{
    border-bottom:0px;
}
section.floor3 ol li{
    padding-left:30px;
    color:#888888;
}
section.floor3 div.d1{
    width:640px;
}
section.floor3 dl.s3{
    float:left;
    height:138px;
    margin:0px -1px -1px 0px;
}
section .price{
    font-size:16px;
    font-weight:bold;
    padding:5px;
    color:#ff6600;
}
section .lastprice{
    text-decoration:line-through;
}
section .goto{
    background:url(../images/ico5.png);
    width:75px;
    height:30px;
    line-height:30px;
    padding-left:10px;
    color:#ffffff;
    position:absolute;
    right:10px;
    bottom:10px;
}
```

```
section dl:hover,section ul li:hover{
    background:#fdf2ea;
}
/*section 设置结束*/
/*footer 设置*/
footer{
    width:100%;
    text-align:center;
    padding-top:20px;
}
footer ul{
    background:#dddddd;
    column-count:4;
    padding:20px 0px;
}
footer ul li{
    font-size:20px;
}
footer ul li img{
    vertical-align:middle;
    padding:8px;
}
footer dl{
    background:#1a1a1a;
    column-count:5;
    padding:20px 0px;
}
footer dl dt{
    font-size:18px;
    font-weight:bold;
    line-height:50px;
}
footer dl dd{
    line-height:22px;
}
footer p{
    background:#1a1a1a;
}
/*footer 设置结束*/
```

5.1.5　技能拓展

综合运用 HTML5 + CSS3 技术实现“企业网站首页”，效果如图 5-6 所示。

图 5-6　企业网站首页效果图

参 考 文 献

[1] 陈晓燕，关井春. 电子商务网页图片制作. 上海：上海财经大学出版社，2014.

[2] 温晞. 图形图像处理(Photoshop CS6). 北京：电子工业出版社，2016.

[3] 李新荣,甘杜芬，卢奋，等. 网页设计与制作. 西安：西安电子科技大学出版社，2016.

[4] 商玮. 电子商务网页设计与制作. 北京：中国人民大学出版社，2014.

[5] 修毅. 等. 网页设计与制作：Dreamweaver CS6 标准教程. 2 版. 北京：人民邮电出版社，2015.

[6] 百度百科：http://baike.baidu.com.

[7] W3School 网站：http://www.w3school.com.